実践!! 契約書審査の実務 改訂版

修正の着眼点から社内調整のヒントまで

出澤総合法律事務所[編]

学陽書房

改訂版刊行にあたって

　本書の初版発行から2年余が経過する。初版は好評を得て2刷に至ったが、改正民法（債権関係）の施行日である2020年4月1日まで1年余となるこの機会に、新民法の下で想定される法律実務に即した改訂版を刊行する運びとなった。

　もとより初版も新民法下での取り扱いを付記していたが、改訂版では、新民法の観点から、多くの項目を書き直し、また、いくつかのテーマを追加した。

　また、私どもはこの間、新民法に関するセミナーを行い、そのような場で知得した実務担当者が直面している新民法にかかわる疑問も本書に取り込んだ。

　とくに取引基本契約書に関しては、「民法改正に伴い、契約書を締結し直さなければならないか」という基本的な疑問をしばしば耳にする。契約の任意の更新によって、新民法が適用されるので、その際に、契約条項もあらためなければいけないのか迷う現場の方は多いようである。

　多くの取引先を有する企業では、事務処理の手間は煩雑であり、また、印紙税が相当額にのぼることが想定される。そこまでの労力と費用をかけてまで、従来ある契約書をあらためる必要は、通常はないであろう。しかし、各条項の解釈に、新民法がどのように影響するのかは、検証しておく必要があり、表面上は従来の契約書であっても、その中身が大きく変化している点があることを、十分に理解しておくことが重要である。

　例えば、従来の瑕疵担保責任につき、新民法では、種類又は品質に関する担保責任として、売買、請負その他の有償契約に共通して、追完請求権、代金減額請求権並びに債務不履行責任としての損害賠償請求権及び債務不履行責任ではなくなった契約解除権が生じる。また、代金の支払遅延に約定の遅延損害金の利率が定められていない場合には、民事商事共通して年

３％（新民法施行当初）の法定利率となり、従来の商事法定利率年６％の半分となる。このように、契約条項が変更されていなくとも、異なる規律が適用されることになるので、新旧民法の適用に関し同じ表現の条項でもそこから生じる法的効果を別の尺度で考えなければならないことになる。

　法務省民事局が公開している「民法（債権関係）の改正に関する説明資料─主な改正事項─」は、多岐に及ぶ改正事項を挙げている。具体的には、次の24項目について見直しを行った。

①消滅時効、②法定利率、③保証、④債権譲渡、⑤約款（定型約款）、⑥意思能力制度、⑦意思表示、⑧代理、⑨債務不履行による損害賠償の帰責事由、⑩契約解除の要件、⑪売主の瑕疵担保責任、⑫原始的不能の場合の損害賠償規定、⑬債務者の責任財産の保全のための制度、⑭連帯債務、⑮債務引受、⑯相殺禁止、⑰弁済（第三者弁済）、⑱契約に関する基本原則の明記、⑲契約の成立、⑳危険負担、㉑消費貸借、㉒賃貸借、㉓請負、㉔寄託

　本書ではこのうち、一般的な商取引にかかわる契約の内容に重点を置き、賃貸借、保証契約等の一定の類型の契約や紛争処理にかかわる内容は割愛している。しかし、民法の改正が上記のとおり、債権関係全般に及び、また、これに伴い商法等の関連する法律の改正も多く行われていることを、背景として理解しておく必要がある。

　改訂版の執筆に際しても、学陽書房の伊藤真理江氏、石山和代氏にお世話になった。ここに深く感謝する次第である。
2019年２月

　　　　　　　　　　　出澤総合法律事務所　代表弁護士　出澤　秀二

はしがき

　本書は、企業の担当者から弁護士、司法書士、行政書士等の専門家まで、契約書作成、審査の実務に携わるすべての方々を読者として想定している。

　本書の目的は、契約類型全般の解説ではなく、典型的な契約類型をベースに実務の勘所を説くことである。そこで、基本的な考え方を理解でき、かつ応用が利くように、思考のプロセスを記述し、読者に問いかける疑問形を多用した。そして、法務担当者が共通に抱く疑問点を多く取り上げ、その考え方を示したので、一読していただければ、日頃感じている多くの疑問点が氷解し、また、新たな視点が得られるものと自負している。

　本書はもとより学術書ではなく、実務書である。そのため、わかりやすさを優先し、思い切った記述のところもあるが、あくまでも「実務」という観点から学術的な精緻さに配慮していないことをご容赦願いたい。裁判例と実務を中心に解説したが、判決文も任意の箇所を引用し、適宜要約し、下線を引くなど原文と異なるニュアンスが生じている可能性がある。そこで、裁判には、掲載されている法律雑誌等を明示し、疑問点等は原文で確認しやすいようにした（なお、当該法律雑誌のほか裁判所HPに掲載されている裁判例も多い。）。また、根拠となる法律の条文も付記し、該当条文にもあわせて目を通すことにより理解が深まることを期待した。改正法が成立した民法（債権関係）については、テーマに関連する箇所を積極的に紹介した。

　ひな形は、取引基本契約書と秘密保持契約書を掲載したが、本文中の同契約の解説においては、便宜上、条項の内容を変更している場合がある。

　本書は、当事務所の弁護士出澤秀二、丸野登紀子、大賀祥大の共同執筆によるものであるが、文責は代表の出澤にある。

　最後に、本書執筆にお世話になった学陽書房の伊藤真理江氏、新留美哉子氏に深く感謝する次第である。

平成29年7月

出澤総合法律事務所　代表弁護士　出澤　秀二

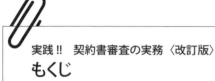

実践!! 契約書審査の実務〈改訂版〉
もくじ

改訂版刊行にあたって ……………………………………………………… 3
はしがき ………………………………………………………………………… 5
凡例 …………………………………………………………………………… 13

第1章 契約の構造

Ⅰ 契約書作成・審査の前に知っておくべきこと

1 契約書作成・審査の基本 …………………………………………… 16
　ケース1　契約書審査における心構え

2 リスクの見積り ……………………………………………………… 21
　ケース2　不動産売買契約における違約金条項

3 契約書審査の仕事におけるポイントと社内調整のコツ …… 25
　ケース3　迅速な対応のために

4 新民法のビジネス対応 ……………………………………………… 30
　ケース4　新民法のビジネスに対する影響

5 新民法における契約書審査の視点 ……………………………… 33
　ケース5　旧法下の契約書を新法に対応させるには

Ⅱ 契約の成立

1 そもそも「契約」とは？ ……………………………………………… 38
　ケース6　法的拘束力が生じる契約条項

2 申込みの誘引 ………………………………………………………… 43
　ケース7　契約の成立時期を定める条項

⇨3　約　款…………………………………………………………………47
　　ケース8　取引約款における変更の定め

⇨4　見積書と契約……………………………………………………53
　　ケース9　見積りの際に確認すべき事項

⇨5　契約の交渉・準備段階における過失…………………57
　　ケース10　契約締結前の合意

Ⅲ　契約の解釈

⇨1　契約解釈の原則………………………………………………62
　　ケース11　合理的解釈が必要な条項

⇨2　契約の実体に応じて契約書は解釈される…………67
　　ケース12　実体と異なる題名の契約書

Ⅳ　契約の履行

⇨1　債務の本旨に従った履行──受託者の裁量の幅が大きい業務……70
　　ケース13　デザインのイメージを合致させるための条項

⇨2　債務の本旨に従った履行──品質に問題がある場合……74
　　ケース14　品質に関する契約条項

⇨3　「検収」とは何か………………………………………………77
　　ケース15　「検収」に関する条項

Ⅴ　契約の終了

⇨1　契約の終了と効力の消滅……………………………………82
　　ケース16　残存条項の必要性

⇨2　継続的契約の終了……………………………………………86
　　ケース17　更新拒絶条項

⇨3　委任契約の終了………………………………………………91
　　ケース18　委任契約の中途解約

7

➲4 契約解除条項の点検ポイント ……………………………………… 95
　　ケース19　解除通知の文言
➲5 契約終了時の他のポイント ……………………………………… 102
　　ケース20　信用不安が生じたときの供給停止条項

第2章　問題になりやすい条項

Ⅰ　契約内容不適合責任と品質保証

➲1 契約内容不適合責任と品質保証条項 ……………………………… 108
　　ケース1　契約内容不適合責任の条項
➲2 契約内容不適合責任と債務不履行責任の関係 …………………… 114
　　ケース2　納入された不完全なシステムに関する請求権

Ⅱ　表明保証条項

➲1 デューディリジェンス ……………………………………………… 119
　　ケース3　法務デューディリジェンスの省略
➲2 最終契約書 …………………………………………………………… 124
　　ケース4　前提条件、誓約事項、表明保証の関係
➲3 表明保証条項の性質・構成 ………………………………………… 128
　　ケース5　表明保証条項の文言

Ⅲ　損害賠償条項

➲1 損害賠償責任の基本的な考え方 …………………………………… 133
　　ケース6　損害賠償責任の条項
➲2 責任制限条項の考え方 ……………………………………………… 138
　　ケース7　有効な責任制限条項

- 3 「過失」「重過失」の考え方 ……………………………………… 143
  - ケース8　故意・重過失の場合の責任制限の適用除外
- 4 不可抗力条項 ……………………………………………………… 147
  - ケース9　不可抗力条項の見直し
- 5 損害賠償額の予定 ………………………………………………… 151
  - ケース10　手付損倍返し条項と違約金の合意

Ⅳ　知的財産権処理

- 1 知的財産に関する処理条項 ……………………………………… 154
  - ケース11　知的財産権の対価の条項
- 2 特許権、著作権に関する処理条項 ……………………………… 159
  - ケース12　知的財産権保持のための措置条項
- 3 知的財産権非侵害の保証 ………………………………………… 167
  - ケース13　知的財産権非侵害の保証条項

Ⅴ　その他の条項

- 1 「準拠法」「紛争解決方法」「管轄」 ……………………………… 172
  - ケース14　「準拠法」「紛争解決方法」及び「管轄」に関する条項
- 2 独占権の付与 ……………………………………………………… 177
  - ケース15　独占的販売権条項

第3章　契約の種類ごとの留意点

Ⅰ　取引基本契約

- 1 基本的な考え方 …………………………………………………… 182
  - ケース1　個別契約に対する基本契約の定めの適用

- 2 発注書・請書に印刷文言がある場合 ……………………… 186
  - ケース2　個別契約と定型の印刷文言
- 3 印紙の注意 …………………………………………………… 190
  - ケース3　取引基本契約書に貼付する印紙
- 4 債権譲渡制限条項の考え方 ………………………………… 194
  - ケース4　債権譲渡禁止特約

II　秘密保持契約

- 1 基本的な考え方 ……………………………………………… 198
  - ケース5　秘密保持契約の視点と裁判管轄条項
- 2 秘密情報の定義 ……………………………………………… 203
  - ケース6　秘密情報と価格表
- 3 適用除外条項 ………………………………………………… 207
  - ケース7　秘密情報からの適用除外条項
- 4 秘密保持期間の考え方 ……………………………………… 212
  - ケース8　契約終了後の秘密保持期間
- 5 秘密情報の管理方法 ………………………………………… 216
  - ケース9　秘密保持契約の監査条項
- 6 秘密情報と知的財産 ………………………………………… 221
  - ケース10　秘密保持契約における発明等の取扱条項
- 7 別途基本契約に秘密保持条項がある場合の処理 ………… 224
  - ケース11　基本契約の秘密保持条項
- 8 開示情報の正確性の保証 …………………………………… 226
  - ケース12　秘密情報の正確性等の保証条項

III　ソフトウェアライセンス契約

- 1 「利用許諾」と「使用許諾」 ……………………………… 229
  - ケース13　ライセンス契約における利用許諾条項

- 2 再許諾と再販売 …………………………………………… 234
  - ケース14 パッケージソフトの販売形態

Ⅳ　システム開発契約

- 1 業務委託契約と「請負」「準委任」 …………………… 238
  - ケース15 請負と準委任の区別
- 2 システム開発契約のポイント …………………………… 243
  - ケース16 仕様変更等の条項
- 3 プロジェクト・マネジメント義務 ……………………… 248
  - ケース17 プロジェクト・マネジメント義務の条項
- 4 ユーザーの協力義務 ……………………………………… 253
  - ケース18 ユーザーの協力義務の条項

Ⅴ　準消費貸借

- 1 準消費貸借と債務弁済契約 ……………………………… 257
  - ケース19 旧債務を準消費貸借にする契約条項
- 2 個人保証 …………………………………………………… 261
  - ケース20 個人保証の取り方

第4章　形式、用字・用語

Ⅰ　契約書の形式についての留意点

- 1 契約書の日付 ……………………………………………… 266
  - ケース1 遡及日付による契約締結
- 2 契約書の記名押印 ………………………………………… 269
  - ケース2 課長名の契約書

⤷3　契約文言と証明責任……………………………………………………274
　　ケース3　書面による承諾を求める法的意義

Ⅱ　形式に関する一般的注意

⤷1　用　語……………………………………………………………………278
　　ケース4　支払期限の月末が休日の場合の取扱い

巻末資料（ひな形）

　　取引基本契約書……………………………………………………………286
　　秘密保持契約書……………………………………………………………296

凡　例

○　法令等の内容は、平成 30（2018）年 10 月 15 日現在公布のものによります。
○　「ベンダ」と「ベンダー」など引用裁判例等の関係で「―（長音符号）」の使用が不統一の場合があります。
○　判決や条文に引いた下線は、筆者によるものです。
○　本文中、法令等及び資料、判例を略記した箇所があります。次の「略記表」を参照してください。

■法令その他

〈略記〉	〈法令名等〉
旧法又は旧民	民法の一部を改正する法律（債権関係）（平成 29 年法律第 44 号）施行前の民法
新民法、新民又は民	民法の一部を改正する法律（債権関係）（平成 29 年法律第 44 号）施行後の民法　※特に改正後の内容を強調したい場面では、新民法・新民としている。
改正法附則	民法の一部を改正する法律（債権関係）（平成 29 年法律第 44 号）の附則
新商又は商	民法の一部を改正する法律の施行に伴う関係法律の整備等に関する法律（平成 29 年法律第 45 号）施行後の商法　※特に改正後の内容を強調したい場面では、新商としている。
会	会社法
民訴	民事訴訟法
刑訴	刑事訴訟法
個人情報保護法	個人情報の保護に関する法律
著	著作権法の一部を改正する法律（平成 30 年法律第 30 号）施行後の著作権法
特	特許法
意匠	意匠法
商標	商標法
実用新案	実用新案法
独占禁止法	私的独占の禁止及び公正取引の確保に関する法律
金商法	金融商品取引法
景品表示法	不当景品類及び不当表示防止法

電子消費者契約法	電子消費者契約及び電子承諾通知に関する民法の特例に関する法律
下請法	下請代金支払遅延等防止法
労働者派遣法	労働者派遣事業の適正な運営の確保及び派遣労働者の保護等に関する法律
法制審部会	法制審議会民法（債権関係）部会
中間試案	民法（債権関係）の改正に関する中間試案（法務省、平成25.3）

〈条文の表記〉
新民617Ⅰ①　民法第617条第1項第1号

■判例

最判（決）	最高裁判所判決（決定）
高判（決）	高等裁判所判決（決定）
地判（決）	地方裁判所判決（決定）
支判	支部判決

■資料

民集	最高裁判所民事判例集
裁判集民事	最高裁判所裁判集民事
判時	判例時報
判タ	判例タイムズ
金判	金融・商事判例

〈判例の表記〉
最判平20.12.16民集62・10・2561　最高裁判所判決平成20年12月16日最高裁判所民事判例集62巻10号2561頁

■文献

一問一答	筒井健夫ほか編著「一問一答　民法（債権関係）改正」（商事法務、2018年）

契約の構造

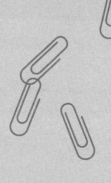

I 契約書作成・審査の前に知っておくべきこと

➡1 契約書作成・審査の基本

> **ケース1**
> 契約書審査における心構え
>
> 先方提示の契約書案を審査する際、また、自社で契約書案をドラフトする際に念頭におくべきことは何か。

POINT

- ●契約条項は事業を体現している。契約書作成・審査には、ビジネスへの理解、シミュレーション、意識をもったチェックが必要である。
- ●契約の目的を達成できる条項になるように、目的を明確にする。
- ●契約書作成・審査の基本的観点は、リスクマネジメントである。
- ●契約内容の法的性質を理解し、民法・商法の条文を踏まえる。

1 契約の一生

契約の成立から効力の消滅までをフローで示せば次のようになる。

契約の成立 ⇨ 契約の効力発生(権利義務の発生) ⇨ 契約の履行(債務の弁済) ⇨ 権利義務の消滅

ここでは、「契約の終了」の記載がない。期間の満了や解除により、契約は終了するが、一度生じた契約の効力（権利義務）の継続・消滅は、契約の終了とは別に考える必要がある。このことは、未払代金の支払義務の継続、目的物の種類・品質に関する担保責任（旧瑕疵担保責任。以下「品質等担保責任」又は「契約内容不適合責任」という）などからも明らかである。また、契約終了後の一定の行為を規制する合意をすることもある（守秘義務の継続、競業禁止等）。

すなわち、契約の終了にかかわらず、権利義務の消滅まで見届けないと、契約管理は終了しない。したがって、契約を約定どおり履行し（これを民法は「債務の本旨に従った弁済」という。民493）、また、存続する義務の内容・期間等を明確にして、不必要に又は不明瞭な権利義務を残存させないことが肝要である。

2 視　点

(1) 対象事業の理解

契約条項は事業そのものを表現する。対象となるビジネスを理解しないまま条項を形式的に作成することは、想定が行き届かないリスクを伴う。対象の事業を把握したら、実際に条項に当てはめながら事業の遂行をシミュレーションしてみる。

(2) 契約目的

契約には、何らかの達成すべき目的がある。この点から、①目的達成のために必要な契約条項は何か、②当該条項は目的を実現する内容となっているかの2つの観点からの検討が必要となる。

例えば、独占的販売店契約の場合、①については、販売店に独占権を付与して相互に対象製品の売上拡大を目的とするものであり、営業地域（テリトリー）、最低販売量、競業制限など、目的達成に必要な契約条項を検討する必要がある。②については、それぞれの条項が、相互の利益にかなう売上拡大に寄与するものかどうかという具体的観点から検討が行われることになる。

(3) リスクマネジメント

視点は「その契約書の条項でリスクは見積もれますか？」という点である。

すなわち、リスク（契約目的の達成を阻害する要因）を識別、分析、評価し、その発生可能性、重大性を予測して、対応（回避、低減、移転・分散、受容）を行うことになる。

契約書を作成することは、当事者間の合意を明確にして、契約の履行を円滑化し、また、債権と債務を明確にしてリスクを見積もるところにある。

(4) 法的性質

契約は、合意により当事者間の法的関係が決まる。契約内容等は原則として自由に決めることができる（「契約自由の原則」。新民521Ⅰは「締結の自由」、同521Ⅱで「内容の自由」を、同522Ⅱは「方式の自由」を定める）。

しかし、合意がない、又は合意が不明確な事項は、補充的に民法・商法の条文が適用される。民法は13種類の典型契約（贈与、売買、交換、消費貸借、使用貸借、賃貸借、雇用、請負、委任、寄託、組合、終身定期金、和解）を規定しているが（第3編第2章）、例えば「業務委託契約」の性質が業務の委託であれば「委任・準委任」、仕事の完成を目的とするものであれば「請負」の規定が適用される。

強行法規は排除できない（「公の秩序」。民90）が、任意法規は合意で排除できるということは誰でも知っている。しかし、意外と意識されていないのが、「排除の意思が明確でないと、契約条項と民法の条文が重畳的に適用される」という当事者の合理的な意思解釈から導かれる原理である。したがって、契約条項は、表現上の文言のみならず、当該条項が意図している内容と民法の条文との関係を意識することが求められる。

(5) その他

契約の成立から終了まで必要な項目がすべて規定されているかについて、具体的に契約条項が適用されることをイメージし、契約条項を点検し

ながら（ウォークスルー）、次のような観点で想定される取引を動かしてみる（シミュレーション）。

・漏れや引っかかりはないか。
・リスクの対応ができているか。
・相手の立場にも立ってみる。立場を変えると違う景色が見えることがある。

　このような意識をもったチェックにより、検討が深くなるだけではなく、イメージの中で思考が立体化し、契約書チェックという作業そのものも楽しくなる。

　また、契約条項により生じる「権利」と「義務」の具体的内容について、「自分の権利＝相手の義務」と「自分の義務＝相手の権利」の双方の観点からチェックしてみると、視点の相違から新たな気付きが生じることがある。

　法令遵守の観点も当然求められる。契約当事者や契約内容に応じて適用される法令がある。例えば、事業者同士であれば、独占禁止法（優越的地位の濫用にならないかなど）、対消費者であれば、各種消費者保護法といった法令に違反していないかという観点からの十分な注意が必要である。

3 本ケースの考え方

　先方から提供された契約書案であれば、当然のことながら、当方の事情を踏まえたものでない可能性があり、また、先方に有利、逆に当方に不利な条項が設けられていることが、一般論として想定される。

　当方の用意する契約書案も相手方からは同様の見方がされるが、相手方に受け入れられる可能性が著しく低い条項は、交渉時間と労力の無駄が生じる。そこで、リスクマネジメントはしっかり行いつつ、その範囲内で相手方に受け入れられやすい条項にするなど、相互のビジネスを迅速、安全に進行させることができるよう、最初から注意深く案を作成したい。

4 社内調整のヒント

　契約書のチェックは、事業のリスク評価であり、リスクの見積りが必要である。法務部門は、決して技術的な条項のチェックをしているわけではなく、リスクマネジメントの観点から、問題点を発見し、修正案、対案を作成し、また、相手方の立場、その交渉内容に応じてリスクを評価、受容するという実質的な対応を行うものである。審査を求められる契約書案についても、このような観点から、また、リスクマネジメント構築の証跡がわかるように、修正にはなぜそのような修正をしたのかという理由をコメントしておくなど、現場である事業部門にも共通の理解が生じるような工夫をしたい。

MEMO

表現、用語・用法

　法律文書を作成する場合には、形式面では次の点に注意が必要である。
① 平易、簡潔、明確な表現を心がける。
② 民法の原則や通例の考え方と異なる内容の場合「その趣旨が明確になるよう表現上の工夫をするのが通常」とされる（最判平9.2.25判タ937・100）。
③ 用語・用法は、解釈の基準となる（例：「以前」と「前」の使い分け等）。法令上の用法と異ならないようにしたい（本書第4章参照）。

2 リスクの見積り

ケース 2
不動産売買契約における違約金条項

不動産売買契約書に損害賠償額(違約金)の予定がある。実損額がこれを超えることに備えて、差額が生じたときには、これを賠償できる旨規定した方がよいのか。

第○条(違約金)
1. 買主の契約違反を理由として売主が本契約を解除したときは、売主は、手付金を違約金として没収することができる。
2. 売主の契約違反を理由として買主が本契約を解除したときは、売主は、買主に手付金を返還するほか、違約金として手付金と同額を買主に支払わなければならない。

＊第2章Ⅲ➡5「損害賠償額の予定」参照

POINT
- 契約書の審査には、リスクの見積りが必要である。
- 契約書の各条項から生じる法的拘束力をチェックしておく。
- 不履行の場合の効果・対応について、相手方と当方の双方の立場から検討しておく。

1 重要なリスクヘッジの意義

契約書作成には、リスクマネジメントという重要な役割がある。それぞれの条項について、リスクを想定しどのような対応がふさわしいかを判断することになる。

例えば、重要な条項として、独占性、知的財産権処理、品質保証・品質等担保責任、損害賠償責任、期間・契約終了、守秘義務、競業禁止、管轄等があるが、契約類型に応じた留意点がある。

　また、一般的に、①会社のポリシーと異ならないか（独占権を付与しない、免責条項を設けるなど）、②通常（当社の様式、一般的なひな形）の契約条項と異ならないか、③上流の契約その他関連する契約と整合性がとれているか（受注した業務の一部を再委託した場合に、再委託契約の権利の帰属、品質等担保責任等が原委託者との間の契約に整合しているか）などにも留意が必要である。

2 法的拘束力の発生——合意どおりの履行ができないときのリスク

(1) 総　論

　契約が成立すれば、原則として効力（権利義務）が生じる。効力発生障害事由（虚偽表示等の無効事由、詐欺等の取消事由、停止条件等の一時的発生障害事由）がある場合には、契約は効力が生じないが、あくまでも例外である。効力が生じれば、相互に、合意に従った履行請求ができ、また、債務不履行の場合は、損害賠償請求が可能である。

(2) 相手方が履行しないときのリスク

　契約当事者は、契約条項に従い義務を履行しなければならない（債務の本旨に従った弁済）が、相手方が履行しないときに履行を求める訴訟をするのは、ビジネスでは迂遠である。契約を解除し（又はしなくとも）債務不履行を理由に損害賠償を求めることになるだろう。しかし、相手方の不履行は、当方の立場からは、第三者から調達する、第三者に業務を委託し直すなどの再調整が必要となる。このような事態を念頭においた契約条項（一定の事由が生じたときは、契約の全部又は一部を直ちに解除し、再調整を可能にするなど）を設けておくことも検討の必要がある。

(3) 当方が履行しないときのリスク

　契約条項の作成には、当方が万が一不履行になったときのリスクを見積

もり、リスクヘッジに留意する必要もある。当方の不履行を想定するといったことは、「契約は守らなければならない」との大原則に違背することになり、抵抗感があるが、予期しない経営環境の変化により、経営方針の変更が必要になったり、原材料の調達ができなくなったりするなど予想外の事由が発生することも一定程度想定が必要である。

3 本ケースの考え方

　本ケースのポイントは、差額の請求に関する規定が必要か否かである。当事者の意思解釈になるが、民法の債務不履行の原則を明確に排除していない以上、手付損倍返しは、損害賠償額の予定であって、並列的に民法に従い実損額を証明して損害賠償を行うことまで否定するものではないと解するのが合理的であろう。

　そこで、実務的には、解釈の相違を事前に回避するため、差額の請求ができるかどうかを明確にすることが求められる。そして、その明確化にあたり、差額請求権を設けるか、否定するかを、リスクマネジメントの観点から検討することになる。検討のポイントは、次のとおりである。
　① 違約金額が確定しているとリスクを見積もることができる。
　② 契約締結後直ちに設計業務、建築資材の確保等の作業に取りかかるので、手付金相当額の違約金を超える損害が生じる可能性があるなどの場合には、差額の請求ができるようにしておくことが求められる（さらに、違約により相応の損害が生じる可能性を相手方に伝えておく）。

　いずれの方向性が適切かは、当事者の契約目的によっても異なってくるので、双方の協議により、リスクを明確化して条項化することになる。

修正後の条項例

　ケースの条項に続けて、第3項として、以下のいずれかの条項を設ける。

3．売主及び買主は、前2項に定める違約金のほかに、相互に損害の賠償を請求することはできない。

3．売主及び買主は、前2項に定める違約金のほかに、相手方の債務不履行により違約金額を超える損害が生じたときは、相手方に対し、その差額の賠償を請求することができる。

＊「前2項」は、第1項・第2項を指す。

MEMO

「Ctrl」＋「F」

　パソコンのキーボードで「Ctrl」を押したまま「F」を押すと「検索」用の窓が開く。長い契約書であれば、このようにして「権利」「義務」「責任」「しなければならない」「する（ものとする）」「表明」「保証」「賠償」「補償」など権利義務が生じるポイントとなる用語を検索してみることも、リスクのチェックには有意義である。特に英文契約書の場合は、"shall"、"oblig"（obligation, obliged）、"responsib"（responsible, responsibility）などの義務を表す単語（の一部）や"warrant"、"damages"、"disclaim"、"compens"（compensation, compensate）、"reimburse"など保証、賠償、免責、補償、求償に関連する単語を検索してみると、法的リスクを要点的につかみやすい。

→3 契約書審査の仕事におけるポイントと社内調整のコツ

> **ケース3**
> 迅速な対応のために
>
> 事業部門から、すぐにでもビジネスを始めたいので、急いで先方書式の契約書案を見てほしいとの依頼がされた。
> このような要請に応えるためには、どうすればよいのか。

POINT
- 事前に契約書審査のための各種ツールを用意しておく。
- 先方書式は、リスクを踏まえた上で最小限の修正で済ませる。
- ビジネスを阻害しないように迅速に対応する。
- 気軽に相談ができ、迅速適切に回答が得られる法律事務所を用意する。

1 事前準備すべきツール

① 定型的な契約書のひな形

秘密保持契約書、取引基本契約書、業務委託契約書、ライセンス契約書、請負契約書など、所属する業界に応じて使用頻度の高い契約類型の契約書式の備置は必須である。なお、例えば、「委託者」側か「受託者」側かで、条項のポイントも異なるので、ひな形もこのような場合分けが必要となる。

② チェックリストの共有化

契約類型に応じたチェックリストを用意し、先方提示のドラフトに、漏れのないように対応できるようにしておくとよい。また、チェックリストに、条項の考え方を記載し、事業部門で一応のチェックができるようにしておくと効率的である。

事業部門は、立場的に、相互のビジネスの順調な遂行を想定し、「順調に行かないときのリスク」に十分な注意が及ばないことがある。しかし、リスクの想定が、その想定内でビジネスが遂行できることにより、結局は契約当事者双方の円滑な取引に資することを社内の共通認識とすることが求められる。
　そこで、このリストには次のようにカテゴリー的な視点をあらかじめ解説しておくと有意義である。
- 会社の基本的な方針
   例）独占権を付与しないこと、責任限定を付すること等の基本方針を設定し、例外的な場合は、必ず法務部門の審査が入ることとする。
- 商流の中間的立場に立つ契約の場合のリスク
   例）下流の事業者が商品を引き取らない、上流の事業者から製品の材料が調達できなくなるなど、一部の関係者による不履行・倒産等の場合に波及するリスクは、常に想定しておくべきである。ビジネスリスクの側面が大きいが、契約条項で一定程度防御が可能な場合もある（他から製品材料を調達できないときは、当該製品の供給義務を負わない旨を不可抗力条項に盛り込むなど）。
- 途中解約できない長期契約のリスク
   例）原材料を高く購入し続けることになる、需要が減少し利益の上がらない供給品の生産中止ができない、店舗賃貸借の期間前解約ができないなど一般的にリスクが大きい。「長期間履行を継続しなければならない義務」は、相応の覚悟（リスク評価）が必要であろう。

③　オリジナルのリスク想定事例集を作り上げる
　契約条項に関連して生じうるリスクを例として記述する。契約書の条項を審査するにせよ、具体例を認識していると否とで、想定の幅も自ずから違ってくる。また、「想定」だけではなく、当事者間で現実に解釈上のやりとりが生じた場合には（ドラフト段階のものを含む）、その時々に事例を蓄積・共有しておくとのちのち有意義である。
　リスクの具体例の洗い出しであるが、法務部門での「リスク事例洗い出

し会議」の実施、事業部門からの契約に関連する取引上のヒヤリハット事例の聴取、顧問弁護士からの聞き取りなどが有効であろう。

2 相手方書式の修正を避ける工夫

　事業部門がもらってきた相手方書式は、極力修正しない方がビジネス上のスピードに資する。しかし、自社の立場できちんとしたリスクマネジメントをしておく必要がある。
　このような場合、真に修正が必要なところはどこかを見極める能力が必要である。そのためには、正確な法律用語・用法を心得ていること、民法・商法の知識があること、条項の意義を見抜ける（リスクを想定できる）ことなど、結構ハードルは高い。しかし、自身で研鑽するか、これらができる第三者（弁護士等）を活用するしかない。参考までに、筆者が契約書案ドラフトを検討する際は、次のプロセスをたどる。

① 契約書の目的、体系をとらえる
　契約の目的、対象事業の内容をとらえて、目的達成に必要な事項を想定する。契約条項の表題を見て全体の枠組みを頭に入れる。そして、想定した目的達成に必要となる事項、及びその種の契約に通常必要となる事項をメモ書きする（概念図もしばしば手書きする）。書くことは、理解、発想、論点網羅に大変役立つ。

② 条項を逐次検討する
　内容にかかわらない表現は修正しない。条項は、当事者の行為をシミュレーションして検討する。その際、メモに当事者と行為のフローを書き出してみる。どうしても引っかかるところは修正する。若干の引っかかりがあるところは、ビジネス上のリスクテイキングの範囲内なので、どのようなリスクがあるかについてコメントを付するに留める（例：「契約期間内でも3ヶ月前の予告解約が双方ともに可能ですが、よろしいでしょうか。」）。一般条項も同様である。ただし、一般条項は、標準的な規定例（これは記憶しておく）を基準にして検討する。そして、上記①のメモの内容

を網羅しているかチェックする。

③ 再チェック

再度、権利義務にかかわる条項に関し、対象事業を動かして、甲側と乙側の双方からチェックをする。例えば、ソフトウェアのライセンス契約のライセンシー（実施権者）の立場であれば、次のような思考を行う。

- どのような権利が利用できることになるのか（権利の性質・対象・範囲）

当社の販売する対象製品は何か。事業部門はどのように対象製品を営業するのか（規模、顧客、商流、販促活動等）。これによって、当社の契約目的（何をしたいのか）は実現できるのか。

- 許諾期間と終了

当該許諾期間で目的は実現できるか。許諾が終了したら対象製品はどうなるのか。許諾が終了する直前は販促費をかけられないが、予定利益は達成できるのか。ライセンサー（実施許諾者）がライセンシーに広告費をかけさせておいて、対象製品の知名度が上がると契約終了のようなことはないか。その他予期しない許諾の終了はないか。

- その他

ロイヤリティの妥当性・監査方法、第三者から権利侵害の主張がされた場合の措置、一定量の購入義務・販売促進義務など、契約条項に応じて、具体的な場面を想定してリスクを洗い出すことになる。

3 迅速な対応

法務部としては、事業部門のスピードに応じて迅速に処理できる体制が求められる。契約書の審査は、相応の専門的な知識と経験を有する職人技なので、人員の教育を含めて、体制の整備は容易とはいえない。外部の弁護士を活用しながら、同時に社内の体制を整備していくのが現実的であろう。契約書のレビューであれば、当日回答を基本とする事務所と連携することが望ましい。また、弁護士としては、顧問先への回答を当日中に行うことができる体制を整えるとよいだろう。

4 本ケースの考え方

　定型的に対応できる契約書類型も多いので、業務フローを事前に構築しておくことが一番の解決法である。また、法務担当者が引っかかりを感じる条項は、案外難しい法的要因を含んでいるので、そのようなときにすぐに気軽に相談できる法律事務所があると有益である。

5 社内調整のヒント

　法務部門は、事業部門がいわば依頼者である。ストレスなくやりとりできる関係を構築し、事業部門の本来の業務を阻害しないよう、適切かつ迅速に対応したい。そのためには、法務部門の環境整備が適切になされている必要がある。この法務部門の業務の提供は、依頼者に対するサービスの納入のイメージでとらえるとよい。例えば、ⅰ）納期を伝える、ⅱ）他部門と協議をしたり、専門家の確認をとったりする必要が生じたときは、遅滞なくその旨と概ねの納期を伝える、ⅲ）納期までのスケジュールを管理し、長引くようであれば経過を知らせ、依頼者に不安・不満を抱かせないようにするなどである。また、法務部門は、事業の内容、取引の流れを十分に理解し、業界の慣習、問題点を認識しておくことも重要である。

MEMO

読み上げソフトの活用

　パソコンで文書を読み上げるソフトウェアがある。筆者は、契約書の全文チェックの場合は、読み上げを数倍速にして聴きながらチェックをする。長年の習慣もあり、通常と異なる条項には直ちに反応するので、そこを修正ないしコメントしながら、次に進む。契約書チェックの利用だけではなく、長い文書資料も聴いて内容を頭に入れている。また、作成した意見書案などの文書もこのようにして聴きながら読むと、論述不足の点が発見しやすくなる。このようなソフトは、ネットを検索すれば見つかるので、活用をお勧めする。

4 新民法のビジネス対応

> **ケース4**
> 新民法のビジネスに対する影響
>
> 新民法は、どのようにビジネスに影響を与えるのか。

POINT

◉消滅時効、法定利率、保証、債権譲渡、相殺、危険負担、契約解除、定型約款、契約内容不適合責任（瑕疵担保責任）、請負に関する改正は、一般の事業会社に共通して、特に影響が大きいものと考えられる。

1 ビジネスへの影響

一般の事業会社に共通した、ビジネスへの影響からみて重要な改正は次のとおりである。

① 消滅時効

商人が売却した商品の代金債権等の短期消滅時効は廃止され、商事債権を含めて債権の消滅時効は一本化された。債権は、権利を行使できることを知った時から5年間、又は権利を行使できる時から10年間（人の生命・身体の侵害による損害賠償請求権は20年間）行使しないときは、時効により消滅する（新民166Ⅰ、167）。この「知った時から」は、新民法が設けた新たな起算点である。その他にも、旧法の時効の中断について、時効の完成猶予・更新の制度等の重要な改正がある。

② 法定利率

民事・商事の法定利率は一本化され、新民法施行時は、年3％でスター

トし、3年ごとに整数値単位で増減の可能性がある。大きく変動しない仕組みがとられ、また、当該債権発生時に適用の利率はその後変動しない（発生時の固定利率）。商事の利率は、新民法施行時、旧法のときの半分からスタートする。

③　保　証

　個人根保証（保証人が法人でないもの）は、従来は主債務に貸金等債務が含まれる場合にのみ、保証人保護のため、ⅰ）極度額、ⅱ）保証期間原則3年（最長5年）、ⅲ）主債務者・保証人の死亡等特別事情による保証の終了（元本確定事由）が定められていた。

　新法では、個人根保証一般の原則と、貸金等債務を含む個人根保証にのみ適用される特別の定めを設け、後者は、さらに事業のために負担した貸金等債務のための特則を設けた。これら3種の根保証の要件等は次のとおりである。

ア　原則：ⅰ）極度額、ⅱ）保証期間の制限はない、ⅲ）元本確定事由（主債務者・保証人の死亡に加え、保証人の財産に対する強制執行等と保証人の破産も事由になり拡大）

イ　貸金等債務を含む保証：ⅰ）極度額、ⅱ）保証期間原則3年（最長5年）、ⅲ）上記アのⅲ）に加え、元本確定事由に主債務者の財産に対する強制執行等及び主債務者の破産が加わる。

ウ　事業のために負担した貸金等債務の保証：あらかじめ公正証書で保証人の保証債務履行の意思を表示していなければならない。

　企業、個人を問わず、保証には、以上のほか多くの改正がされている。

④　債権譲渡

　債権譲渡自由の原則（性質が許さないときは例外。新民466Ⅰ）は、旧法と変わらない。ただし、譲渡制限特約をしても、譲渡は有効である（新民466Ⅱ）。従来は、譲受人が譲渡禁止につき悪意又は重過失のときは、「無効」とされた。なお、預貯金債権は、従前と同じ扱いとなる。債権譲渡制限特約については、本書第3章Ⅰ➡4（P.194）に詳述する。

⑤　債権の譲渡における相殺権

　債務者は、対抗要件具備（通知・承諾）前に取得した譲渡人に対する債権による相殺をもって譲受人に対抗できる（新民469Ⅰ）。また、発生原因が同一の契約から生じた債権であれば、対抗要件具備以後に生じた債権を自働債権として相殺ができる（同Ⅱ①）。さらに、「譲受人の取得した債権の発生原因である契約に基づいて生じた債権」についても、対抗要件具備以後に生じた債権を自働債権として相殺ができる（同Ⅱ②）。

⑥　以上のほか、契約解除は本書第1章Ⅴ⇨4に、定型約款は同第1章Ⅱ⇨3に、契約内容不適合責任（瑕疵担保責任）は同第2章Ⅰに、請負は同第3章Ⅳにそれぞれ詳述する。

⑦　そのほかにも、錯誤、代理、債務不履行による損害賠償の帰責事由、原始的不能の場合の損害賠償、債権者代位権・詐害行為取消権、連帯債務・連帯保証、第三者弁済、危険負担、賃貸借などにも重要な改正がある。これらは、本書の内容に必要な範囲で、該当箇所で触れる。

2 本ケースの考え方

　以上のとおり、新法は、ビジネスに広範な影響を生じさせる。ある事象に生じる法的効果が、旧法と新法で大きく異なることがある。契約書審査に際しても生じる法的効果を予測してリスクに備える必要があり、また、法的問題が生じた場合には、これまでの民法に基づく考え方をいったん置いて、新法に従いあらためて検討しなければならない。具体的な対応方法については、次項より解説に入る。

→5 新民法における契約書審査の視点

> **ケース5**
> 旧法下の契約書を新法に対応させるには
>
> 新民法の下では、契約書審査について、どのような視点で臨めばよいのか。また、旧法下での契約書を新法の適用に一本化して契約管理を効率的にしたいがどうするか。

POINT

- ◉改正事項につき、あらためて約定の必要があるか否かを検討する。
- ◉新民法では「契約……及び取引上の社会通念に照らして」という用語が多く採用されているところから、該当箇所について、条文の適用に際し、契約の趣旨(目的)が重視される。
- ◉そのため、契約書の作成には、必要に応じて当該契約の趣旨を、明確に記述し、また、条項にこれを反映するような工夫をする。
- ◉経過措置(改正法附則)との関係で、当該契約について、新旧民法いずれの条文が適用されるのかを整理して管理する必要がある。
- ◉保証等の一定の例外を除き、企業にとって原則として不利益な改正ではないので、可能な限度で新法の適用に一本化するのが効率的である。

1 「消滅時効」と「法定利率」

契約書のそれぞれの条項が、新民法の下で、どのような効果を生じるのかを想定して契約書を審査する必要があるが、ここでは特に大きな改正点に対する対応を2つ取り上げてみる(他の重要な改正点は、本書で別途解説する)。

(1) 消滅時効を5年と規定することについて

　会社が従前の商事債権の消滅時効と同じ扱いにしたい場合は、契約で「本契約に基づく債権は、行使できる時から5年間行使しないときは、時効により消滅する。」と定める必要がある。新法では、債権者が権利を「行使できることを知った時から5年間」又は「行使できる時から10年間」なので、「（債権者が）知った時」では債務者にとって起算点が不明確であり、また、10年間の長期管理には困難が伴うので、契約書に「行使できる時から」「5年間」と約定しておくことの合理性が認められる。取引において消滅時効の問題が生じることは、そう多くはないと考えられるが、画一的な管理の観点からは検討の余地があるであろう。

　なお、契約書に支払時期等の確定期限が定められている場合、その期限は、債権者にとって既に知っていたことになり、期限の経過時に「知った時（から5年）」と評価される。したがって、前記の消滅時効を「行使できる時から5年間」とする定めが意味を持つのは、債務不履行（契約内容不適合責任を含む）に基づく損害賠償請求など、期限の定めがない場合等に限られる。

(2) 法定利率が変更されたことに伴い、契約書に約定の遅延損害金の率を規定することについて

　従前の契約書には、遅延損害金を年14.6％などと高率に設定し、期限どおりの履行を保全する約定が多くみられた。このような約定をしない場合、従前の遅延損害金年6％が改正により年3％になることによって、期限を厳守した履行が期待しにくくなることが想定されるのであれば、改めて約定が必要となる。

2「契約及び取引上の社会通念に照らして」という用語

　「契約（その他の債務の発生原因）及び取引上の社会通念に照らして」という用語が条文に多く採用されているところから（新民法412の2（履行不能）、同415（債務不履行による損害賠償）等）、該当箇所について、条文の適用に際し、契約の趣旨（目的＝当該契約が目指しているもの）が

重視される。

　例えば、新法412条の2（履行不能）1項は、「債務の履行が契約その他の債務の発生原因及び取引上の社会通念に照らして不能であるときは、債権者は、その債務の履行を請求することができない。」と規定する。「その他の債務の発生原因」とは、「契約」を例示として、債務の発生原因をすべて含むとする用語法である。さて、この「契約及び取引上の社会通念に照らして」とは、いかなる意味であろうか。「履行不能」は、従来から、物理的、法律的のみならず社会通念上も不能と認められる場合を含む概念であり、改正によって特にその考え方に変更が加えられたわけではない。しかしながら、「契約に照らして（不能）」となると、当該契約の目的が達成できるのか否かが、契約条項の解釈を通じて、より具体的に検討されることが想定される。例えば、製品の売買契約において、売主の生産工場が火災で製品供給ができなくなった場合、売主は、他から上記売買契約の対価性を欠くほど高価な同一製品を調達してまで、買主に売り渡さなければならないかという事案において、「契約」に照らせば、そこまでの履行義務はないとされ、履行不能とされる可能性がある（また、新民415Ⅰ但により賠償義務が生じない可能性もある）。

　このように、従前の解釈を明文化しただけとされる条文についても、明文化した以上、解釈の具体的な根拠を提供するのであるから、これまでよりも適用されやすくなるという現実的、実務的な効果が生じると考えておくべきであろう。そのため、契約書の作成には、必要に応じて当該契約の趣旨を、明確に記述し、また、条項にこれを反映するような工夫をする。

　なお、「取引上の社会通念」の「取引」は、「広く、物又は財物の移転などを含む概念として用いており、遺言や遺産分割なども包含するものである」とされる（法制審部会資料83－2、民法（債権関係）の改正に関する要綱仮案（案）補充説明1～2頁、錯誤についての記述箇所）。

3 新旧民法の適用関係の管理

　経過措置（改正法附則）との関係で、当該契約について、新法と旧法のいずれの条文が適用されるのかを整理して管理する必要がある。

「基本的に新法は、既存の法律関係に対して影響を与える、特に当事者の契約関係に介入していくことは簡単にはできないというのが一般的理解」（法制審部会97回（平26.12.16）議事録31頁）とされ、改正法附則34Ⅰは、「施行日前に贈与、売買、消費貸借（……）、使用貸借、賃貸借、雇用、請負、委任、寄託又は組合の各契約が締結された場合における<u>これらの契約及びこれらの契約に付随する</u>買戻しその他の特約については、なお従前の例による。」とする。

　それでは、売買等の<u>基本契約書が更新された場合</u>は、新法が適用されるのであろうか。

　この点につき、法制審議会では「（新法の適用を予測した状態で、更新が行われるので）更新等をすればその時点で新たな合意がされているということを重視して、新法が適用されると理解すればよいのではないか」とする（前記議事録32頁）。

　すなわち、合意更新の場合は新法が適用される。また、契約上の自動更新も合意によるものと評価できる（「一問一答」Q205）。

　しかし、法定更新（借地借家法）の場合は、「新たな合意がされている」わけではなく、「新法適用の予測可能性」の観点から、「従前の例による（旧法適用）」とされる。

　なお、部分的な変更合意は、「新法適用への期待」と「旧法適用の期待の保護の必要性」の観点から、その内容に応じて判断することになるであろう。

4 本ケースの考え方

（1）新法下での契約書審査に臨む視点

　各条項について、新法では、ⅰ）旧法と相違が生じるか、ⅱ）相違が生じる場合は、リスクが見積もれているか、ⅲ）改正により解釈が明確化されて適用に相違が生じる可能性があるか、ⅳ）改めて設けなければならない事項があるか、を点検することになる。

(2) 旧法下での契約書を新法の適用に一本化する

　新法は合理的に改正されており、また、契約管理上も一本化が効率的なので、従前の継続的契約は、新法の適用に切り替えることも検討すべきであろう。

　次に示すのは新法を適用する場合に締結する覚書の条項例である。あわせて、上記**1**のような時効の起算日、期間、約定遅延損害金等の必要な条項修正を行うことになる。

修正後の条項例

覚　書

　甲乙間の〇年〇月〇日付け〇〇基本契約は、2020年3月31日をもって契約期間満了とし、あらためて次のとおり、契約期間を更新する。

1．本契約の有効期間は、2020年4月1日から〇年間とし、期間満了の3ヶ月前までに、いずれかの当事者から更新しない旨の書面による意思表示がされた場合を除き、さらに〇年間継続し、以後も同様とする。

2．本更新合意後の本契約については、「民法の一部を改正する法律」（平成29年法律第44号）が適用されることを確認する。

Ⅱ 契約の成立

→ 1 そもそも「契約」とは？

> **ケース 6**
> **法的拘束力が生じる契約条項**
>
> 当社は、事業の提携を目的として、A社と基本合意書を締結しようとしている。ドラフトに次の条項があるが、下線部の条項に法律上の拘束力が生じるか。
>
> 第○条（誠実協議）
> 　甲及び乙は、本基本合意書に定めのない事項又は本基本合意書の条項について疑義が生じた場合、誠実にこれを協議するものとする。<u>また、直接又は間接を問わず、第三者に対し又は第三者との間で、本基本合意書の目的と抵触しうる取引等にかかる情報提供・協議を行わないものとする。</u>

POINT

- 当事者間で「権利義務を定める一定の合意内容」を証する書面が作成されれば、その書面は契約書である。たとえ「基本合意書」という題名でも、法律上の効果を想定している場合は、その内容は契約である。
- 「法律上の拘束力を生じさせない」ようにする（すなわち、契約でないことを当事者間の了解事項とする）には、その旨を明記しておく。

1 契約とは何か——「合意」と「契約」

契約は、「申込みと承諾」又は「相互の同一内容の申込み（「交叉申込み」という）」による意思の合致によって成立する（新民522Ⅰ「契約は、契約の内容を示してその締結を申し入れる意思表示に対して相手方が承諾をしたときに成立する。」）。

「客観的な意思の合致」があれば、契約は「成立」する。成立した契約から意図した法的効果が生じるかは、次のステップ（書面を必要とするといった効力発生事由又は錯誤による取消等の効力発生阻害事由の存否）での問題である。

ところで、複数人間では、日常的に「意思の合致」がある。しかし「契約」は、社会通念上、法的拘束力が生じるものと認められるものでなければならない。したがって、「法律上の効果を生じさせる意思表示」が何かを意識する必要がある。

契約により法的拘束力が生じる債権の目的には、次の3要件が必要とされている。

① 適法であり、かつ、社会的妥当性があること。
② 可能であること（理論上のみならず、社会通念上も可能であること。法律は、社会的規範なので、社会通念に従った解釈基準が妥当する）。
③ 確定しうること（履行の時までに確定可能な基準が定まっていること）。

2 本ケースの考え方

以上を踏まえて本ケースの条項は、どのように考えるべきか。

本条項は、「住友信託銀行対UFJホールディングス情報提供禁止仮処分事件」（最決平16.8.30判時1872・28）を踏まえたものである。本件はすべての審級の裁判所が、上記条項の後段部分の法的拘束力を認めた。

第一審の判断を見てみよう。

> 東京地決平 16.7.27 金判 1199・9「住友信託銀行対 UFJ ホールディングス情報提供禁止仮処分事件」
> 「一般に、<u>当事者間で権利義務を定めた一定の合意内容を証する書面が作成された場合には、特段の事情がない限り、当事者は当該合意内容に拘束される意思を有していたと推認するのが相当である</u>。
> 　債権者と債務者らとの間で締結された平成 16 年 5 月 21 日付基本合意書の<u>独占交渉権を定めた条項</u>は、原案を債権者側が作成し、債務者ユーエフジェイホールディングスの顧問弁護士による検討、債権者および債務者ユーエフジェイホールディングスの各担当者による修正等を経て、最終的には債権者及び債務者らの各代表取締役の記名押印によって締結されたものであることに鑑みれば、<u>法的拘束力を有すると認められる</u>。」

　このように、権利義務を定め債権の内容が確定できる条項については、当事者は法的拘束力を有することを意図しており、したがって「契約」として成立していることになる。「法的拘束力」を有するものとして契約を締結したかどうかは、上記の裁判例のとおり「拘束される意思」を有するか否かで判断される。したがって、上記の例で UFJ ホールディングスが法的拘束力を争うのであれば、「本合意書の内容は、現時点での了解事項にすぎず、法的拘束力を有しない。」（基本合意書でしばしば見る条項）と明記していれば、相互に意図したものとして「法的拘束力を有しない」という効果が認められたところである。

　なお、「契約書」は合意の束であるので、その条項中には、いわゆる「紳士条項」（本ケースの条項の第一文）のように、具体的履行内容が特定されておらず、法的拘束力が生じない条項がある（特定の行為の法的強制を目的としていない）。

　ちなみに、ビジネスにおいて、契約締結の交渉中に個々の条件が合意されても、契約締結に至らないときは、個別の合意に法的拘束力が生じるものではない。全体の合意ができないときは個別に法的拘束力を生じさせないのが当事者の合理的意思である。

3 社内調整のヒント

　当事者双方の立場において「法的拘束力」を生じさせるのが妥当かどうか、リスクを見積もって社内（経営陣を含む）の共通認識を得ておく必要がある。
　そのためには、本条項が法的拘束力を有する場合、違約の効果を検討しなければならない。本条項は、「第三者に対し又は第三者との間で、……目的と抵触しうる取引等にかかる情報提供・協議を行わない」という不作為を、相互に求めるものである。そうすると、当事者は、相手方がこれに違反した場合、その相手方に対し「情報提供・協議を行ってはならない」との不作為を求める請求と、違反によって生じた損害の賠償を請求することができる。
　上記の裁判事案は、合意書の内容が重要な事業決定であり、検討のために相当額の費用も予想されるなど、合意書締結時は双方とも、法的拘束力を有する独占的な交渉ができる地位を有することを想定しており、「法的拘束力を有しない」旨規定することができる状況ではなかったと推測される。
　一般論ではあるが、本ケースのような条項については、弁護士と依頼者との間には、概ね次の会話がなされることが想定できる。
　弁護士「法的拘束力を有することを明記しなくてよろしいですか。」
　依頼者「社内で検討しましたが、先が見えないところもあるので、あえて明記しないことにしました。」
　弁護士「明記しなくとも法的拘束力は生じると考えますが、現実には遵守意識が弱くなる可能性があります。ご自分が違約する場合と相手方が違約する場合の双方の観点から、リスクは見積もられていますね。」
　依頼者「はい。社内で検討しております。」

　事業環境が予測困難な現代では、事業上やむを得ない、契約からの撤退も想定されるのであり、企業はお互いに「違約の可能性のある撤退のリス

ク」を事前に見積もっておく必要がある。

> **MEMO**
>
> **合意書面の題名**
>
> 合意書面の題名は、契約、合意書、覚書、協定書等様々あるが、その題名によって、法的拘束力が異なるものではない。
> ① 題名が「契約書」 ⇨ 当事者が法律上の効果を意図していることが明確である。
> ② 題名が「合意書」「覚書」等 ⇨ 内容、書面成立の状況等から、当事者が法律上の効果を生じさせるものとして締結した場合には「契約」となる。

→2 申込みの誘引

> **ケース7**
> 契約の成立時期を定める条項
>
> 当社は、ネットショップで、一般消費者に商品を販売しているが、誤った販売価格を表示した場合のリスクに対し、法律上の対応を検討している。取引規約に次の条項を設ける案があるが、どのように考えるべきか。
>
> 第○条（売買契約の成立）
> 　当社がお客様にご注文の商品の発送を行うまで、売買契約は成立いたしません。

POINT

- 契約の「申込み」と「申込みの誘引」の区別は意識すべき。
- ショップとユーザーのいずれが「申込み」をしたのかにより法律関係が大きく異なる。
- ショップの展示は「申込みの誘引」であり、ユーザーが「申込み」を行う立場となる。
- 「承諾」をする側が契約成立の決定権を有する。
- 承諾の意思表示は、到達した時に効力が生じる。

1 「申込み」と「申込みの誘引」

現実の店舗では、値札を付けて商品を展示している。この展示行為が売買契約の申込みであれば、顧客が「これをください。」と言えば契約が成立する。しかし法律上はそうではなく、この商品展示行為は、客の「申込

み」を誘う「申込みの誘引」と解釈されており、客の「これをください。」という意思表示が契約の「申込み」とされるのである。

契約は、原則として「申込み」と「承諾」によって成立する。

したがって、商品の展示は申込みの誘引なので、表示した価格に誤りがあっても、顧客の申込みに対し、店舗が「誤りなので承諾しない」として契約の成立を否定する対応が可能である。

なお、「申込み」と「申込みの誘引」の考え方は、誤表示価格で契約が成立した場合に店舗が錯誤による「取消し」（旧法では「無効」）を主張できるかどうかという問題とは全く別であり、あくまでも契約成立前の問題である。

2 本ケースの考え方

以上を踏まえて本ケースの条項は、どのように考えるべきか。

ネット上での商品の展示が、「申込みの誘引」であり、ユーザーの注文が「申込み」であることから、ショップとしては、ユーザーの注文があった後に表示の誤りが発見できた場合に契約成立を否定できる仕組みを構築しておくことが必要である。

そのためには、取引規約の規定の整備から始める必要があるが、新民法では、承諾の意思表示に、「到達した時」に効力を生じるという原則（新民97Ⅱ）を適用し、隔地者間では承諾の意思表示を発信した時に契約が成立するという旧法での例外を廃止した。また、「申込者の意思表示又は取引上の習慣により承諾の通知を必要としない場合には、契約は、承諾の意思表示と認めるべき事実があった時に成立する」（新民527）ことを踏まえる必要がある。

したがって、ショップが「商品の発送」によって契約が成立したものとしたい場合は、契約で「商品発送の時に契約が成立する」旨規定することになる（申込者は取引規約に従った申込みの意思表示をすることになる）。しかし本ケースの条項は、一般消費者相手であるとすると、このままでは趣旨がわかりにくい。次のように契約条項に説明的な文言を加えることによって、トラブルを生じにくくすることも検討する必要がある。

また、電子商取引における契約の成立、効力の発生は、対面の取引に比べて誤解が生じやすいなど不確実な要素が多い。このため規約の定めだけでは万全ではない。

　したがって、ユーザーの申込みに対し「申込みを受け付けました。在庫の確認等がありますので、商品を発送するまで売買契約は成立いたしません。商品発送の際は、あらためてご連絡を差し上げます。」旨の返信を行い、ショップが「承諾」を留保することを明らかにしておくべきである。

修正後の条項例

第○条（売買契約の成立）
　お客様のご注文は、廃番、欠品、誤表示、システムエラー等により、応じることができない場合があります。当社がお客様に、ご注文に応じる連絡を差し上げた時又はご注文の商品の発送を行った時のいずれか早い時に売買契約が成立するものといたします。

3 社内調整のヒント

　ネットショップ上での販売価格の誤表示等のリスクは、あらかじめ法律的な対応をすることにより、リスクを抑えることができる。電子商取引を行っている企業では、価格の誤表示は、発生可能性が高く、また、重大なリスクなので、法務部門は、事業部門から相談されるまでもなく、そのようなリスクの内容を事業部門と共有し事前のリスクヘッジに関与すべきであろう。

　法務部門は、ネットショップのシステム全体の動きを検討し、どこに法的リスクが潜んでいるかを的確に把握する必要がある。システムのプロセスを分解して、ユーザー相手に発信する情報の内容を網羅的に検証することになる。この場合、価格の誤表示のみならず、消費者との間で問題となる景品表示法、消費者契約法など関連法令に照らした総合的なチェックが

欠かせない。

> **MEMO**
>
> 「時」と「とき」
>
> 　法令はこの2つの用語を明確に使い分けている。「時」は時点を、「とき」は場合を表す。新法522条1項は、申込みに対して「相手方が承諾をしたとき」に契約が成立すると「とき」を用いている。これは「申込みに対して承諾をした場合に契約が成立する」という契約成立の要件を規定しているものであり、契約成立の時点を規定しているものではない。民法は、意思表示について、「到達した時からその効力を生ずる」と「時」を使用しており（民97Ⅰ）、承諾の意思表示もこれに従うので、契約成立の時点は、承諾の意思表示の到達時ということになる（旧民法は承諾の意思表示について、発信によって効力が生じるとする「発信主義」の例外を採用したが、新民法はこれを上記のとおり「到達主義」の原則にそろえた）。
>
> 　「時」と「とき」は、このように意味の相違があるので、契約書の作成においても使い分けたい。

→3 約　款

> **ケース 8**
> **取引約款における変更の定め**
>
> 　当社は、消費者に対する継続的サービス提供につき電子商取引を行っているが、定型の取引約款を利用している。約款には、次の条項変更の定めがあるが、この定めの文言どおり条項を変更して差し支えないか。
>
> 第〇条（変更）
> 　当社は、お客様との間でこの約款による取引の継続中、必要に応じて、この約款の条項を将来に向かって変更することができるものとします。この変更は、あらかじめこのウェブサイトに掲載します。

POINT

- 団体的契約関係を画一に処理するためにあらかじめ備え置き、契約成立の際に契約内容となる、完結したまとまりの条項を広く約款とよぶ。
- 約款も契約であり、民法、商法、消費者関連法等の私法の規律を受ける。
- 新民法では、「定型約款」という新設の類型の約款について定めを置く。
- 定型約款に該当する場合は、条項の変更は、新民法の定めに従う。

1 約款の利用

　団体的契約関係を画一に処理する必要があるために、一方当事者の作成した契約内容に従わざるを得ない（交渉の余地がない）契約形態がある。このような契約形態は、性質面から附合契約とよばれるが、例えば、電気供給約款、保険約款、旅客運送約款などがあり、「約款」と表現される。

Ⅱ　契約の成立　　47

約款には、利用者保護の観点から、変更に監督官庁の認可を要するものが多いが、「約款」と称しても、民間（旧四会）連合協定作成の「工事請負契約約款」のように共通ひな形の性質のものもある。この場合、請負契約書に契約内容を構成するベースとして「約款」を添付、引用して記名押印をし、特約があれば別途規定する。
　このように「約款」の定義は確定的なものはなく、新民法では「定型約款」という概念を新たに導入し、一定の類型の約款を規律した。
　約款の性質に関する判例がある。

> 最判平 13.3.27 判時 1760・19
> 　「加入電話契約は、いわゆる普通契約約款によって契約内容が規律されるものとはいえ、電気通信役務の提供とこれに対する通話料等の支払という対価関係を中核とした民法上の双務契約であるから、契約一般の法理に服することに変わりはなく、その契約上の権利及び義務の内容については、信義誠実の原則に照らして考察すべきである。」

　このように「約款」は契約であり、契約一般の法理に服することが明確にされている。

2 本ケースの考え方

　以上を踏まえて本ケースの条項は、どのように考えるべきか。
　契約内容の変更は、法律上、変更部分に関し契約の成立と同じである。
　まず、新民法の「定型約款」（新民548の2〜4）をみる。

① 定型約款

　定型約款とは、「定型取引において、契約の内容とすることを目的としてその特定の者により準備された条項の総体をいう。」とされ、また、「定型取引」とは、「ある特定の者が不特定多数の者を相手方として行う取引であって、その内容の全部又は一部が画一的であることがその双方にとって合理的なものをいう。」とされる。

すなわち、本ケースの取引約款も不特定多数の者が相手方であり、画一的であることが合理的と認められるので、この「定型約款」と認められる。

② みなし合意の要件

> 　定型取引を行うことの合意（「定型取引合意」）をした者は、次のいずれかの場合には、定型約款の個別の条項についても合意をしたものとみなす。
> 　ア　定型約款を契約の内容とする旨の合意をしたとき。
> 　イ　定型約款を準備した者（「定型約款準備者」）があらかじめその定型約款を契約の内容とする旨を相手方に表示していたとき。

　すなわち、本ケースの場合において、事業者が、消費者がサービスの申込みを行う際に、ウェブサイト上で定型約款を契約内容とする旨の表示をしているときには、その定型約款の個別条項が取引契約の内容を構成するものとみなされる。

③ 不当条項規制

> 　相手方の権利を制限し、又は相手方の義務を加重する条項であって、その定型取引の態様及びその実情並びに取引上の社会通念に照らして民法1条2項に規定する基本原則（信義誠実の原則）に反して相手方の利益を一方的に害すると認められるものについては、合意をしなかったものとみなす。

　定型約款の条項の作成に際し注意を要する事項である。なお、消費者契約法10条の趣旨に類似しているが、新民法の不当条項規制は事業者同士の契約にも適用がある。

④　開示義務

> 　定型取引を行い、又は行おうとする定型約款準備者は、定型取引合意の前又は定型取引合意の後相当の期間内に相手方から請求があった場合には、遅滞なく、相当な方法でその定型約款の内容を示さなければならない。ただし、定型約款準備者が既に相手方に対して定型約款を記載した書面を交付し、又はこれを記録した電磁的記録を提供していたときは、この限りでない。定型約款準備者が定型取引合意の前に開示請求を拒んだときは、みなし合意の規定は、適用しない。ただし、一時的な通信障害が発生した場合その他正当な事由がある場合は、この限りでない。

　定型約款の条項は、相手方がその内容を知る機会が与えられている必要がある。

⑤　定型約款の変更

> 　定型約款準備者は、次のいずれかの場合には、定型約款の変更をすることにより、変更後の定型約款の条項について合意があったものとみなし、個別合意なく契約の内容を変更することができる。
> 　ア　定型約款の変更が、相手方の一般の利益に適合するとき。
> 　イ　定型約款の変更が、契約目的に反せず、かつ、変更の必要性、変更後の内容の相当性、新民法の本規定により定型約款の変更をすることがある旨の定めの有無及びその内容その他の変更に係る事情に照らして合理的なものであるとき。

　定型約款の変更については、要件が明示されたので、対応がしやすくなった。上記⑤イの変更の合理性は、必ずしも明確になっているわけではないが、合理性を基礎づける事由の整備に留意しておくべきであろう。

⑥　変更の周知

> 定型約款の変更は、効力発生時期を定め、かつ、定型約款を変更する旨及び変更後の定型約款の内容並びにその効力発生時期をインターネットの利用その他の適切な方法により周知しなければならない。上記⑤イの場合は、効力発生時期到来までに周知をしなければ、変更の効力を生じない。

　料金値下げのように相手方の一般の利益に適合するときは別であるが、そうでないときの変更の場合は、あらかじめ周知が必要となる。

⑦　修正の方向性
　①～⑥のように新民法では、「定型約款」に関し一定の方向性が明確になったので、本ケースの条項案もこれに従って整備する必要がある。そうすると、上記⑤の条文の内容を、次のように規定の条項に盛り込むことになる。
　旧法下においても、事業者において一方的な変更が可能な場合もあるとされていたが、この場合は、相手方（一般的利用者）に黙示的な承諾が求められていた。
　次ページに修正後の条項を掲げるが、若干抽象的な規定内容となっている。実際には、条項変更の必要性の例示、変更の場合の手続き（○ヶ月前までに当ウェブサイトで公開する旨等）、変更内容の例示等を、現実のビジネスに合わせて具体的に記載すると、変更の効力は認められやすくなる。

> **修正後の条項例**
>
> 　当社は、この約款による取引の継続中、約款の条項の変更が必要になったときは、契約目的に反せず、かつ、変更後の内容が相当な場合に、民法の定めに従い、この約款の条項を将来に向かって変更することができるものとします。この変更は、あらかじめこのウェブサイトに掲載します。ただし、お客様の一般の利益に適合するときは、本条の規定に従うことなく、民法の定めに従いこの約款の条項を変更することができるものとします。

3 社内調整のヒント

　定型約款の変更は、必ずしも容易ではない。そもそも契約というものは、いったん成立した以上、これを変更することは、新たな契約成立の場合と同じく、原則として相手方の承諾が必要であることを、十分に理解しておかなければならない。

　新民法の定型約款に関する上記の規定は、新民法の施行日前に締結された定型取引に係る契約にも適用があるのが原則である（改正法附則33Ⅰ）。ただし、新法施行前に書面等で反対の意思表示をした場合には、旧法が適用される（現に解除権を行使できる場合を除く。同33ⅡⅢ）。

4 見積書と契約

> **ケース9**
> 見積りの際に確認すべき事項
>
> 当社は、新しい装置の製造委託の適否を検討するために、これまで取引のないA社に見積りを依頼したい。見積りには、試作品の製作、製造工程の検証、製造設備稼働の試験等相応の費用と手間がかかることが想定される。次のような了解事項を確認書として書面で提出を受けてから依頼したいと考えているが、それでよいか。
>
> 見積書の作成は無償とし、また、受注が約束されているものではないことを承認します。

POINT

- 見積りを依頼する際は、見積りとそれに伴う作業の区別を意識する。
- 見積りに伴う作業は有償になる場合があるので、留意する。
- 自己の属する業界以外の取引業者に新たな見積りを依頼するときは、特に注意が必要である。
- 見積書の内容が契約の一部を成すことがある。

1 見積書を提出する行為

　見積りは、一般的には、発注の前に対象となる仕事等の価格を知るものであって、まだ引合いの段階である。見積書の授受によって、契約が成立したとは考えないのが社会通念であり、それだけで法的拘束力が生じるものとはいえない。

　しかし、「見積り」の名目でも、そのため試作、設計等の作業を依頼し

Ⅱ　契約の成立　　53

たときは、業務委託契約（準委任）ないし商法512条（報酬請求権）による費用の請求を受けることがあるので注意を要する。その意味で「見積りは無償」というわけではない。「見積りに伴う業務が、有償か無償か」を検討する必要がある。また、上記報酬請求権は、「商人がその営業の範囲内において他人のために行為をしたときは、<u>相当な報酬</u>を請求することができる。」とされている。すなわち、「契約」の意識がなくても、商人にその営業の範囲内の行為を依頼したときは「相当な報酬」が発生する可能性がある。

見積りに伴う業務につき準委任の成立を認めた裁判例がある。

> 東京地判平3.6.27判時1413・87
> 「委託された右業務の趣旨、内容は、従前建築使用されてきた被告建物につき、その使用上の不満、使用目的の変更からくる被告の意図、要望する事項を最大限に実現し実用に供するものとするについて、<u>原告においてその基本構想をまとめ、それに基づき建築、設備、内装、家具、調度等を木目細かい使用上の配慮、生活空間の充実との観点から全体的に統合して</u>その概要を具体的に図面に作成し、その基本設計に基づいて、右建築等諸工事を具体的に実施してゆくのに必要な費用を見積り、その見積費用の確定を経て右諸工事をなすに必要な手配・手続きを原告において行うこととされたものであったと認めることができる。……原告の作業について、設計等契約を勧誘する企画設計、概略設計にとどまる程度の無償のサービスと……は到底いえない。」

上記裁判例は、金額の定めがない準委任契約が認められた事案であるが、それでは相当な報酬は、どのようにして算出されるべきであろうか。「相当な」というのは、標準的な場合を指すものと考えてよいが、それでも標準を探るのは容易ではない。

上記判決は続けていう。

「受任者である原告の責に帰すべからざる事由により、本件契約が中途で終了したものとして、民法648条3項＊により、原告は被告に対し右解

除終了に至るまでになした建築内装設計企画業務の遂行割合に応じた<u>相当な報酬を請求できるものである</u>。……右相当額を判断するについては、<u>当該業界の基準、当事者間に推認される合理的意思、業務の規模、内容、程度等の諸事情を総合的に勘案して相当とされる額を定める</u>他はない。

……未履行に終わった業務に相当する報酬額は、委任について民法651条1項が何時にてもこれを解除することができると規定している関係上、任意に行使しうる解除以後は当然に報酬請求権を失う……」

＊民648Ⅲは改正されたが、本事案に関しては影響はない。

なお、見積書の授受については、その後、契約書を締結することなく、見積書の提出者が仕事に着手し完成・引渡しを終えたなどの場合、業務の内容、対価等が契約の内容となることがあることに留意が必要である（当事者間の口頭の合意の内容を補完する）。

2 本ケースの考え方

以上を踏まえて本ケースの確認書の記載は、どのように考えるべきか。

当該記載は、当社にとって一見十分な内容に見えるが、「見積りに伴う作業の依頼」について明記されておらず、その解釈について紛争が生じる可能性がある。次の記載のように、この点も明確にしておくべきであろう。

修正後の条項例

見積書の作成及びこれに伴う作業等（原材料費、第三者への発注費等を含む）は無償とし、また、受注が約束されているものではないことを承認します。

---

3 社内調整のヒント

営業の現場では、「見積りは無償」「契約締結前の作業は無償」と安易に

とらえている可能性がある。まず、この意識を改める必要がある。また、本ケースの確認書のような非定型の文書は、現場で法的判断をすることが困難な場合が多いので、法務部門の目を通すことができる仕組みを構築しておくのが望ましい。

> **MEMO**
>
> ### 「相当な報酬」の発生
>
> 京都地判平 6.10.31 判タ 879・241
>
> 　作業者の一定の作業について、契約がなくても「相当な報酬」が発生するとした裁判例である。ホテルの建築企画・設計の依頼が、商法 512 条に該当し、相当な報酬（他社に発注した同じホテルの建築計画業務に関する報酬と同金額）を認めた。
>
> 　「本件のホテルの建築計画は、総工費が数十億円には達する規模の事業であり、口頭で企画設計の依頼はあったとしても、依頼に基づき原告がなすべき具体的な業務の範囲や段階は必ずしも明確に決定されておらず、報酬支払に関する合意は口頭ですらなされていないし、契約書等の文書も何ら作成されていない以上、……原被告間でホテル建築に関する設計委任契約が締結されたものとは認め難い」としながら、「企画設計案の作成は、被告のためになされた行為であり、商人である原告の営業行為に属するものであることは明らかであり、原告は被告に対し、商法 512 条に基づき相当額の報酬請求権を有する」とした。

→ 5 契約の交渉・準備段階における過失

ケース 10
契約締結前の合意

当社は、A社と共同研究契約を締結する準備をしており、この締結を前提に、時間節約のため、法的拘束力のない合意書を作成して、相互に共同研究の作業準備に入りたいものと考えている。

当事者は、合意書に法的拘束力がない旨規定しておくだけで、本契約締結前に自由に共同研究を取りやめることはできるのか。

POINT

●契約の交渉・準備段階における紛争は多い。
●契約が成立していなくても一定の注意義務が生じる場合があり、違反すれば、不法行為が成立する。
●賠償の対象は実損害が原則である。

1 契約の交渉・準備段階における過失

契約の交渉・準備段階にある当事者は、ともに協力して契約締結の努力をする過程において、相手方の信頼を裏切らないという信義則上の義務を負う。ただし、この場合、契約は未成立なので（又は契約が成立しても当該契約の内容を構成する事項についてのものではないので）、当該義務違反は、法律上、第三者に対する違法行為に適用がある不法行為（民709）となる。

判例の考え方は、次のとおりである。

最判平 2.7.5 裁判集民事 160・187
　合弁事業のための株式売買契約締結の交渉において、目的物、代金額、支払時期・場所等の基本的事項について相互の了解に達し、売主が交渉の結果に沿った契約の成立を期待する段階に至ったにもかかわらず、買主が、その都合（合弁事業の対象となる木材の価格下落により、会社の取締役会の承認が下りなかった）により無条件に契約の締結を拒否した事案につき、最高裁は、「（買主の）契約準備段階における信義則上の義務違反を理由とする不法行為に基づく損害賠償請求を認容した原審の判断は、正当として是認することができる。」とした。

　しかし、契約締結は本来自由であり、契約交渉の方法が不法行為となるためには、相応の信義則違反の要素が必要である。どのような場合に、違法性を帯びるかについて、民法（債権関係）の改正に関する中間試案は、次の考え方を提示している。

中間試案（新民法では不採用）
第 27　契約交渉段階　1　契約締結の自由と契約交渉の不当破棄
　「契約を締結するための交渉の当事者の一方は、契約が成立しなかった場合であっても、これによって相手方に生じた損害を賠償する責任を負わないものとする。ただし、相手方が契約の成立が確実であると信じ、かつ、契約の性質、当事者の知識及び経験、交渉の進捗状況その他交渉に関する一切の事情に照らしてそのように信ずることが相当であると認められる場合において、その当事者の一方が、正当な理由なく契約の成立を妨げたときは、その当事者の一方は、これによって相手方に生じた損害を賠償する責任を負うものとする。」

　この中間試案の考え方は、概ね現行の法律実務に沿っているので、ケースを検討する際には参考となる。これによれば、破棄された当事者が損害賠償を請求するためには、次の4つの要件すべてが必要である。

①契約の成立が確実であることを信じたこと
②これを信じることが相当であること
③破棄した当事者が正当な理由なく契約の成立を妨げたこと
④損害が発生していること

　契約準備段階の義務違反を認定した裁判例を見てみよう。本件は土地所有者と開発業者との間にマンション建築、売買に向けた基本協定書を締結していたものである。

> 東京地判平 8.3.18 判時 1582・60
> 　「一般に、後日正式の契約（「本契約」）を締結することを目的としてその間にそれぞれのなすべき義務を定め、これを履行することを合意した場合、当事者においてその合意で前提としていた事情の変更があり、本契約締結の前提が欠けた場合とか、本契約を締結することが著しく不合理な結果となるなどの正当な理由がある場合、又は本契約の締結を強制することが、一方を他方と比較して極めて酷な状態に陥らせ、契約における公平の原則にもとることになるなどの特段の事情のない限り、当事者は、本契約の締結実現に向けてその準備段階に入ったことによる信義則上の義務として、右合意に定められた義務を誠実に履行すべきであり、かつ、本契約締結の条件が整い次第本契約を締結すべき義務があるというべきである。そして、このことは、一方が右合意で定められた義務をほぼ履行し終わった段階においては、他方は、より強く自身の義務の履行を要請されるものというべきである。」

　ところで、契約が成立した場合でも、契約の交渉・準備段階において、説明義務に違反した場合、契約締結上の過失として不法行為が成立することがある。その説明義務の対象が、契約の内容となっているときは契約違反である。この点について、次の判例がある。

> 最判平 23.4.22 判時 2116・53
> 「契約の一方当事者が、当該契約の締結に先立ち、信義則上の説明義務に違反して、<u>当該契約を締結するか否かに関する判断に影響を及ぼすべき情報を相手方に提供しなかった場合</u>には、上記一方当事者は、相手方が当該契約を締結したことにより被った損害につき、不法行為による賠償責任を負うことがあるのは格別、当該契約上の債務の不履行による賠償責任を負うことはない。」

2 契約上の過失の場合の賠償額

金額は、相手方が支出した準備費用（契約締結に要した交通費、宿泊費、通信費）等の実損額（「信頼利益」とよばれる）に限られる。履行利益（転売利益等）は含まれない。契約成立後の債務不履行と同程度の強い法的拘束関係が当事者間に形成されていないので当然であろう。また、相手方の落ち度に応じて過失相殺による減額があり得る（新民418、722Ⅱ）。

3 本ケースの考え方

以上を踏まえると、本ケースの場合、たとえ法的拘束力のない合意書を交わしていたとしても、上記**1**①～④の4要件に該当すると、本契約の締結を拒否した当事者には、損害賠償義務が生じる可能性が否定できない。

したがって、合意書には、法的拘束力を有しない旨のみならず、次のような条項を設けて、相互に法的請求ができない旨を了解事項としておくのが望ましい。そしてこの場合、当該条項については、「法的拘束力を有する」旨を明記しておくことになる。

ただし、相手方の信頼関係を著しく損なう事由がある場合にまで、契約条項で免責されるわけではないので（条項の合理的解釈）、留意が必要である。

> **修正後の条項例**
>
> 　各当事者は、任意に本契約を締結するか否かを判断することができるものとし、本契約に至らなかった場合においても、その理由を問わず、相互に損害賠償請求その他の法的請求を行わないものとする。

4 社内調整のヒント

　相手方との間で、合意書が交わされ、又は口頭で交渉が継続している中で、一方的に撤退できなくなる状況が生じることは、特に事業の現場で周知される必要がある。

Ⅲ 契約の解釈

1 契約解釈の原則

ケース11
合理的解釈が必要な条項

　不動産売買契約書の条項に次の違約金条項がある。後日解釈に問題が生じる文言はないか。

第○条（違約金）
1．買主の契約違反を理由として売主が本契約を解除したときは、売主は、手付金を違約金として没収することができる。
2．売主の契約違反を理由として買主が本契約を解除したときは、売主は、買主に手付金を返還するほか、違約金として手付金と同額を買主に支払わなければならない。
3．前2項のほか、特別の損害を被った当事者の一方は、相手方に損害賠償の支払を求めることができる。

POINT

- ◉契約条項の解釈は、当事者の合理的意思を探る作業である。
- ◉まず文言の客観的意味に従って解釈し、不明確なときは、条項の趣旨、文脈、他の条項との関係、経緯等ほかの要素を勘案する。
- ◉法律上の用語を使用するときは、その用法に従っているか注意する。

1 合理的な意思を探る

　契約は当事者間の法的効果を生じさせる合意である。したがって、契約条項の解釈は、相互にどのような法律上の拘束力を生じさせようと意図したのかという、当事者の合理的意思を探る作業となる。

　ところで、契約書を検討する際、多くの条項が文言の有する客観的な意味のとおり法的効果が生じるものとして、特に気にすることもなくチェックを通過していくことが通常である。注意を要するのは、文言どおりといっても、法的効果を生じさせるものであるため、その「文言」の有する法律上の意味を認識しておかなければならないことである。

　文言が不明確、不合理なときは、条項の趣旨、文脈、他の条項との関係、経緯等ほかの要素を勘案することになるが、解釈が一義的でないことは紛争の原因となる。生じさせようとする法的効果を、文言だけで一義的に明らかになる表現を工夫するのが、当事者双方にとって、判断基準を明確に設定し、ビジネスを円滑に進めるために肝要である。

　しかし、相手方書式やひな形を使用する場合、文言の客観的意味だけでは条項の解釈ができないこともある。その場合は、民法の原則、社会通念を踏まえ、条項の趣旨、文脈、他の条項との関係、経緯等のほか、実質・実体に従って判断することになる。そして、その不明確さが重要な事項についてのものであれば、修正の対案を提示せざるを得ない。

　また、事業者同士（Ｂ２Ｂ：Business to Business）と事業者・消費者間（Ｂ２Ｃ：Business to Consumer）では、解釈のスタンスが異なるところである。すなわち、Ｂ２Ｂでは対等が基本（ただし、立場に有為な差があり、法律の任意規定と異なり、合理的な理由がなく、一方当事者に著しく有利な条件の設定があれば、不公正な取引方法（優越的な地位の濫用等）として独占禁止法上の問題が生じる）、Ｂ２Ｃでは非対等（「事業者の説明責任の加重」。各種消費者保護法が適用されなくとも、解釈で消費者保護の傾向）という枠を意識しておくことになる。

2 不明確、不合理な条項は解釈の相違により紛争が生じる

　不明確、不合理な内容の条項に関し、後日その解釈の相違が生じて紛争が勃発した事例がある。業界団体所定の定型条項を利用した不動産売買契約書の条項の解釈が争点となった。

　同契約書には、「買主の義務不履行を理由として売主が契約を解除したときは、買主は違約損害金として手付金の返還を請求することができない旨の約定」「売主の義務不履行を理由として買主が契約を解除したときは、売主は手付金の倍額を支払わなければならない旨の約定」及び「上記以外に特別の損害を被った当事者の一方は、相手方に違約金又は損害賠償の支払を求めることができる旨の約定」があった。そして、買主はこの「特別の損害」を「約定の違約金を超える実損額」として契約に違反した売主に対し損害賠償請求をしたところ、原審は、これを民法416条2項の「特別の事情によって生じた損害」と解釈し、本件では特別の損害がないものとして、買主の請求を退けた（「特別の事情」の詳細は、第2章Ⅲ🡪1「損害賠償責任の基本的考え方」を参照）。

　ところが最高裁（最判平9.2.25判時1599・66）は、上記原審の判断を覆し、「特別の損害」の文言は、約定違約金を超えて現実に生じた損害をいうとして次のとおり判示した。

> 「（上記）条項は、……債権者は、現実に生じた損害の証明を要せずに、手付けの額と同額の損害賠償を求めることができる旨を規定するとともに、現実に生じた損害の証明をして、手付けの額を超える損害の賠償を求めることもできる旨を規定することにより、……損害を被った債権者に対し、現実に生じた損害全額の賠償を得させる趣旨を定めた規定と解するのが、社会通念に照らして合理的であり、当事者の通常の意思にも沿う。」

　最高裁の判断は、当該条項が定型書式を使用して作成された不動産売買契約書にあらかじめ記載されていたところ、契約締結時にその意味内容について当事者間で特段の話し合いがもたれた形跡はないこと、通常生じる

損害の賠償額を定額にしておきながら、「特別の事情」によって生じた損害の賠償を請求できるとする合理性が、一般的には見いだし難いことなどを理由としている。

　原審は、まさに文言を客観的に解釈して判断したのであろうが、そうすると当事者の通常の意思から外れる不合理な結果が生じる。そこで最高裁は、約定の経緯、民法の原則に照らした合理性等から当事者の通常の意思を探ったものである。このように「文言」が法律上の意味を有する場合、原則として法律上の用法に従って解釈されるので、これと異なる意味に使用する場合は、注意を要する。

3 本ケースの考え方

　本ケースは、上記最高裁の事例に依ったものであるが、契約違反の場合、第3項の「特別の損害」の解釈をめぐって紛争が生じるおそれがある。したがって、実損額が予定の賠償額を超過する場合にその超過分の請求ができるようにするときは、同項を次のように明確化したい。

> **修正後の条項例**
>
> 第○条（違約金）
> 　3．前2項により本契約を解除した売主又は買主は、実際に生じた損害額が同項記載の違約金の額を超える場合、相手方に対し、さらにその差額の損害賠償を請求することができる。

Ⅲ　契約の解釈

MEMO

「乙」の解釈

　請負人を「乙」と表示する請負契約書に、「『乙』において公正取引委員会の排除措置命令及び課徴金納付命令が確定した場合には、注文主（地方公共団体）に賠償金を支払う」旨の約定があった。この場合、請負人が共同企業体であり、そのうち1社に上記事由が生じたときに、注文主は他の構成員にも賠償金を請求できるか争われた事案がある（最判平26.12.19判時2247・27）。

　最高裁は、共同企業体の構成員のうちいずれかの者についてのみ上記事由が生じた場合に、そうでない構成員にまで賠償金の支払義務を負わせようというのであれば、「少なくとも、『乙』の後に例えば『（共同企業体にあっては、その構成員のいずれかの者をも含む。）』などと記載するなどの工夫が必要」であるとし、本契約にいう「乙」は、「共同企業体又は全構成員」と解するのが相当とした。

➡2 契約の実体に応じて契約書は解釈される

> **ケース 12**
> **実体と異なる題名の契約書**
>
> 借地借家法の規制を回避するために、賃貸借契約書ではなく経営委託契約書を締結したいという意向がある。果たして可能なのか。

POINT

- 契約は、合意の内容の法的性質に応じて解釈される。
- 規制回避の目的で契約書の文言を形式的に整えても、形式のとおりに解釈はされない。
- 実体に適合しない法形式をとると、実体と形式のそれぞれの観点から思わぬ紛争が生じかねない。

1 形式文言では実質を回避できない

契約は、当事者の真意に従い実質に従って判断される。そして、実体に適合した法律が適応される。文言の客観的意味にかかわらず、「当事者の合理的意思」を探っていけば、自ら実体が浮き彫りになるのであって、その実質に沿った法律が適用され、解釈がなされる。

実体に基づいた解釈がされた裁判例を2つ紹介する。

① 経営委託契約の形式の契約書につき、契約の実体から賃貸借契約と解された事例

> 東京地判平 9.10.15 判時 1643・159
> 題名が「乗馬学校経営委託契約書」となっており、また、その内容も、

文言上から、賃貸借ではなく、経営委託契約であるかのようにみえる契約についての事例である。

　裁判所は、「原告（委託者）と被告（受託者）との間の契約において、……（原告）はその営業上の指示等の権限を有しておらず、実際上も右営業については、被告が独自の計算において行っており、営業上の損益もすべて被告に帰属していたものである。そして、被告は、本件土地建物の利用に関して、その対価としての金員の支払の負担を負ってるに過ぎない（名目は「委託営業料」）。

　……（前記）契約は、原告において、被告から一定額の金員の支払を受ける対価として、乗馬学校経営のため本件土地を被告に使用収益させることを目的とする契約であり、<u>右契約は、その実体から見て、原告と被告との間の本件土地についての賃貸借契約と解するのが相当</u>……」と判断した。

② 建物のサブリース契約が、賃貸借契約ではなく委任契約であるとされた事例

東京地判平 26.5.29 判時 2236・113
　A（貸主）→Y（借主）の賃貸借契約につき、XがAとの間（及びYの承諾）でサブリース契約（A→X→Y）を締結し、Aから賃貸人の地位を譲り受けた。このサブリース契約が「賃貸借」（借地借家法の適用）なのか「委任契約」（賃貸管理）なのかが争われた。

　裁判所は、「賃料の定めは、収納賃料等から管理料（建物管理委託料）、管理組合へ支払う管理費・修繕積立金を差し引いた残額の60％をXがAに支払うこととされ、Xは空室リスクを負わず、転貸による収納賃料がない物件に関しては賃料を支払わなくてもよいとされている。敷金についても、AからXに移管しないことを定め、本件サブリース契約の終了については、借地借家法の定めとは異なり、3ヶ月の猶予期間を置けばAからも一方的に解除できると定められ、競売・任意売却等で所有権移転された貸室については、その都度、本件サブリース契約が当然に消滅することが定められていた」など契約の実質に鑑みて、本件サブリース契約を建物管理・賃料

収受の委託を内容とする委任契約と判断した。

2 本ケースの考え方

不動産賃貸借の場合は、借地借家法の適用があるので、その適用を回避しようとして契約書の文言の工夫がされることがある。しかしながら、上記の裁判例のように、あくまでも実体で解釈されるので、後日の紛争を避けるために、実体に合った契約書を締結すべきである。ほかにも、労働者派遣になることを回避するために、請負（業務委託）形式をとる例が社会的に問題になったが、「偽装請負」に該当する場合は、その実体に従って労働者派遣法が適用されることになる。

3 社内調整のヒント

事業部門から強行法規である特別法の適用を回避するために、先方から別の形式にしてほしい旨の要望があるとの相談があっても、先方には、はっきりと法律上の危険性を説明して、実体に適合した契約書を作成しなければならない。形式をあいまいにすることは、不正経理にもつながり、また、税務処理上の問題が生じる可能性もあり、会社全体に影響が生じかねないリスクととらえるべきであろう。

MEMO

偽装請負

請負の法形式をとっていても注文主と労働者との間に指揮命令の関係が成立していると、労働者派遣事業として、労働者派遣法の適用がある。このような場合の請負を「偽装請負」という。しかし、「偽装」に該当するか否か必ずしも明確ではなく、厚生労働省は、「労働者派遣事業と請負により行われる事業との区分に関する基準」という告示により、一定の明確化を図っている。

Ⅳ 契約の履行

➡1 債務の本旨に従った履行──受託者の裁量の幅が大きい業務

ケース13
デザインのイメージを合致させるための条項

当社の新規店舗のデザインを外部に委託したい。
当社のイメージに合った設計ができあがってこなかったときは、どのような責任が発生するか。また、どのような契約をすればリスクは回避できるのか。

POINT

- 債務の弁済により、債権債務は消滅する。
- 債務の本旨に従った履行をしないと債務不履行となる。
- 受託者の裁量の幅が大きい業務は、打ち合わせの上、受託者の感性に従って履行すれば債務不履行にはならない。

1 債務の本旨に従った履行

新民法は、「債務者が債権者に対して債務の弁済をしたときは、その債権は、消滅する。」と規定する（新民473）。

弁済は、債務の消滅原因であるが、弁済の効力が生じるためには、債務の本旨に従った履行が要件とされる。債務が、一定額の金銭の支払のよう

に、その特定性に疑念の余地がない場合は問題ないが、給付（債権の内容たる債務者の行為＝債権の目的）の内容が、すべて客観的に明確になっている契約ばかりではない（仕様書、設計図等で給付の内容を定めきれないシステムや建物の請負契約等）。

この弁済としての効力が生じる要件の「債務の本旨」であるが、債権の目的、法律の規定、慣習及び信義則によって定められるとされる。このような抽象的な基準では実務的にはあまり役には立たないが、イメージに資するよう、受託者の裁量の幅が大きい業務についての考え方を見ていく。「合理的な裁量」の枠に収まるかどうかが、実務的には比較的わかりやすい基準であろう。

2 受託者の裁量の幅が大きい業務

デザイナーにデザイン業務を委託するなど、受託者の裁量の幅が大きい業務がある。委託者は、自分の期待するイメージを伝えはするが、すべての意思が通じるわけではなく、どうしてもデザイナーの裁量が働く場面が多く生じる。

このような場合、委託者が、成果物が気に入らないといって、債務の本旨に従った履行がないので債務不履行と主張することができるものであろうか。何を基準に考えるべきか。

この点については裁判例がある。ブランド婦人服店の店内デザイン設計請負契約において、委託者が債務不履行を理由とする契約解除による原状回復として、既に支払った請負代金の返還を求めた事案である。

次ページの裁判例の考え方を見てみよう。

> 東京地判昭 62. 5. 18 判時 1272・107
>
> 「(デザイナーの業務に関し) デザインにおける素材、色彩又は形状等について発注者から指示があればデザイナーはそれに従うべきことは当然であるが、そのような指示のない限りそのような<u>イメージのデザイン化は、あげてデザイナーの感性、創作能力に委ねられるものであって、デザイナーが予め発注者とイメージについて充分打合わせをし、その結果に基づきそのイメージに合うものとしてその感性、創作能力をもってデザインを制作した以上、結果的にデザインが発注者の意に沿わないものであったとしても、デザイナーとしてはその債務を履行したものというべきであって</u>、発注者とデザイナーとの間で明示的又は黙示的にその旨の合意がない限り、デザイナーにおいて発注者の意に沿うまでデザインを制作し直す義務はないというべきである。」

　デザインという仕事の特殊性から、デザイナーの感性、創作能力をもってデザインを制作することを債務の目的と認定した。このように受託者の裁量の幅の大きな業務については、委託者のイメージに合う結果が得られるようにプロセスの管理が重要となる。本ケースのような場合、「合理的な裁量」の枠内なのか（特にこだわりを有しない通常の感性であれば、許容範囲か否か）という基準で考えるとわかりやすい。

3 本ケースの考え方

　店舗デザインの業務委託において、委託者のイメージとの適合性はどのように考え、また、これに対応すればよいか。上記解説のとおり、「イメージに合わない」だけでは債務不履行にならない。イメージをできるだけ具体的に伝えることと、十分な打ち合わせが行われることがポイントとなる。リスク回避の契約条項例を挙げるが、限度がある。そもそもの受託者を選定する際に、感性が合っているかを確認し、かつ、業務遂行の管理をそのような視点から適切に行うことが肝要である。

修正後の条項例

第○条（イメージの合致）
　委託者と受託者は、本件業務における成果物が委託者のイメージに合致することが重要であることを認識し、そのための打ち合わせを十分に行い、また、委託者はそのイメージが受託者に適切に伝達され、受託者はこれを成果物に具体化できるよう最大限の努力を行う。

MEMO

「弁済」と「履行」

　「弁済」とは、「債務の本旨に従った履行」のことをいう。
　新民法は、「弁済」について「債務者が債権者に対して債務の弁済をしたときは、その債権は、消滅する。」（新民473）と規定し、また、「履行」について「債務者がその債務の本旨に従った履行をしないとき……。」（新民415）と規定している。この対比において、「弁済」が債権の消滅原因である以上、債務の本旨に従った履行を意味していることは明らかであろう。
　また、民法の体系上、「弁済」は、債権の消滅原因として位置づけられており（新民法第3編第1章第6節）、債権の効力の節（同章第2節）（債務不履行等を含む）で「履行」を使用しているのと、用語使用の場面を異にしている。このような用語法の棲み分けはあるが、実務上の意味としては、頭書のように考えて差し支えない。

→2 債務の本旨に従った履行──品質に問題がある場合

> **ケース14**
> **品質に関する契約条項**
>
> 　当社(買主)は、相手方(売主)に対し、当社仕様の製品を製造してもらった上で、その製品を購入したい。品質について、次のように仕様に合致している旨を保証させれば足りるか。仕様書に記載しきれない前提条件ともいうべき当然の内容は、カバーできているのか。
>
> 第○条(品質保証)
> 　売主は買主に対し、本件売買の目的物が別紙仕様書記載の仕様に合致していることを保証する。

POINT

- 品質を問う法律上の根拠は、債務不履行責任である。
- 品質が契約内容に適合しない場合、追完請求又は代金減額請求ができる。
- 品質についての水準保証の条項を検討するとよい。

1 品質を問う法律上の根拠

　一般的に給付の品質を問う法律上の根拠は、債務不履行責任である。旧法では、無過失責任である瑕疵担保責任があったが、新法では、債務不履行責任に統一され、特別に、品質等が契約内容に不適合である場合に、買主は売主に追完請求又は代金減額請求(二次的)ができるようにした(売主の過失は不要)。追完請求等ができる場合であっても、債務不履行による損害賠償請求権や契約解除権が制限されることはない(新民564)。また、合意による品質保証により、契約内容を明確化したり、法律の定めに対す

る特則として、一定の事項につき無過失責任とし、その保証に反する場合の請求内容や請求期間等を定めたりすることがある。

　旧法では、品質にかかる契約内容不適合の責任は、債務不履行と瑕疵担保が使い分けられていた。

　そして、請負や特定物の売買は、完成品（完成品といっても「瑕疵」のないものをいうわけではない。詳細は、本章Ⅳ ➡ 3「『検収』とは何か」を参照のこと）の引渡前であれば、まだ履行されていないので債務不履行であり、引渡以後であれば、履行は完了しているので、瑕疵担保責任の問題とされていた。清掃のように、引渡しが観念できない請負の場合は、完成した時以後は瑕疵担保責任が適用された。

　ただ、不特定物の売買は、売主が、物の給付をするのに必要な行為を完了し、又は買主の同意を得て給付すべき物を指定したときには、給付の内容は特定し、上記特定物の売買と同じになるが、引渡後も瑕疵担保責任だけではなく、債務不履行責任を問えるとするのが旧法下での判例であった。

　新法は、従来の瑕疵担保責任を債務不履行責任として構成し直し、追完請求及び代金減額請求について、無過失の法定責任とした。

2 目的物の品質についての債務の本旨に従った履行

　旧法下で、売買の目的物の品質について、債務の本旨に従った履行があったとはいえないとした裁判例がある。買主（原告）が売主（被告）から原料（不特定物）を購入し肥料を製造販売したところ、施肥した植物に生育障害が生じたため、原告が被告に対し当該原料に原因があるとして債務不履行に基づく損害賠償請求をした事案である（東京地判平26. 7. 15判時2238・58）。

　裁判所は、肥料の原料は施肥した植物の生育障害を発生させるようなものでないことが求められるところ、生育障害を発生させたから、債務の本旨に従った履行がなされたとはいえないとして、不特定物の売買契約における債務不履行（不完全履行）を認めた。この裁判例は、新民法の下においても契約内容不適合責任として、同一の結論となる。

3 本ケースの考え方

契約当初の仕様書に成果物の性能、品質に関する事項のすべてが記載できるわけではない。委託者が当然と考えて記載していない事項もあれば、委託業務の作業中に固まる仕様もある。そこで、一定水準の包括的な品質保証の条項を設けることを検討したい。

修正後の条項例

一定の水準の品質を保証させる条項例
〈成果物の場合〉
「受託者は、成果物が、別紙に定める委託業務の内容に適合し、委託者及び市場の要求に合致する品質であることを保証する。」
＊より具体的に、納入物に性能・品質のばらつきがないこと、納入機械による生産物が一定の品質を有すること、大きさにばらつきがないこと等を保証させることもある。

「受託者は、成果物の欠陥により第三者の生命、身体又は財産に損害を生じさせることのないよう、成果物の設計、製作、加工等にあたっては、十分成果物の安全性の確保を図るものとする。」

〈サービスの場合〉
「受託者は、善良な管理者の注意をもって、委託業務を提供する。」
＊これは委任契約における法律上の責任である（民644参照）。

「受託者は、委託業務の遂行及びその結果が、専門的な技能、経験に基づく相当の品質を有していることを保証する。」

3 「検収」とは何か

ケース15
「検収」に関する条項

先方（乙）から届いた取引基本契約書案に次の条項がある。表題には「検収」とあるが、文中にはその用語は使用されていない。どういうことなのか。

第○条（検収）
1．乙が目的物を納品したときは、甲は、当該目的物を速やかに検査する。
2．甲は、目的物の納品を受けた日から14日以内に検査の結果を乙に通知する。
3．甲が乙に検査の結果を通知しないまま前項の期間が経過したときは、当該目的物は検査に合格したものとする。

POINT
- 「検収」は、一定の法的効果が生じる法律要件ではない。
- 「引渡し」「受領」「検査」は、法定の用語である。
- 検収は、検査をして契約内容の不適合が直ちに発見できないことを確認して受け入れる手続きである。請負の場合は、仕事が完成していることの確認を含む。

1 用　語

売買や請負の場合、目的物の納品から検査合格までいくつかのプロセスをたどる。

① 請負の法定の仕組み
　・仕事の完成（民632）
　・仕事の目的物の引渡し（民633。「報酬の支払いと同時履行」）
　・引渡しを受けた目的物に契約内容の不適合があれば、追完請求、代金減額請求（二次的）のほか、債務不履行に基づく請求ができる（新民562〜564、559）

② 売買（商人間の売買）の法定の仕組み
　・目的物の受領（商526Ⅰ）（新民533本文。「代金の支払いと同時履行」）
　・遅滞なく検査（商526Ⅰ）
　・検査して契約内容の不適合の発見後、直ちに通知（隠れた不適合は6ヶ月以内）（新商526Ⅱ）

　すなわち、民法・商法では、「納品」「検収」という用語はない。これらの用語は、実務上広く使われているが、厳密には、民法・商法のどのような効果に結びつけて使用されているかを意識する必要がある。
　引渡しは、占有の移転であるが、納品というのは、引渡しという法律要件に該当する事実といえよう。受領は、引渡しを受け手側から表現した法定の用語であるが、納品を受けることは、目的物を受領したことになる。
　検収は、目的物を受領してから検査に合格（履行の完全性、明らかな不適合の不存在の確認）するプロセスを指すことと、検査合格そのものを指すことがあるようである。会計上の収益認識（売上計上）時期の基準に「検収基準」があるが、これは検査合格、すなわち代金・報酬の支払いが確実になった時期という時点をとらえた使用法である。なお、政令、省令で「物品の検収」のように「検収」の用語の使用例があるが、法律上の効果に関するものではない。
　実務では、商人間の取引は、請負、売買（一般市場での商品売買は別として）を問わず、「納品（受領）」「検査」「検収」の用語が使用されるが、それによってどのような効果が生じるのか（検査不合格の場合を含めて）の契約条項の確認が必要である。

2 「完成」「引渡し」「検収」の意義

　請負は、「仕事の完成」に対して報酬を支払う契約である。仕事が完成すれば、①発注者に報酬の支払義務が発生するとともに（「引渡し」は法定の支払時期。民633）、②判明した不具合は、契約内容の不適合についての担保責任の問題となる（「担保責任」の用語は、新民566、572参照）。この完成ないし「契約内容の不適合」の有無を確認する手続きが検査であり、その合格が検収となる。仕事が完成していなければ、請負人の債務不履行（不完全履行又は履行遅滞）となる。

　この仕事の完成の基準について述べた裁判例がある。原告が、被告との間のシステム開発業務を内容とする請負契約に基づき請負代金を請求したのに対し、被告が本件システムは完成しておらず、仮に完成しているとしても、原告が瑕疵（旧法）を補修しないため契約を解除したとして、反訴により契約解除に基づく既払い金の返還及び損害賠償を求めた事案である。

東京地判平成14.4.22 判タ1127・161

　裁判所は「民法の規定によれば、法は、仕事の結果が不完全な場合のうち仕事の目的物に瑕疵がある場合と仕事が完成していない場合とを区別し、仕事の目的物に瑕疵が存在していても、……そのために仕事が完成していないものとはしない趣旨であると解される。よって、請負人が仕事を完成させたか否かについては、仕事が当初の請負契約で予定していた最後の工程まで終えているか否かを基準として判断すべきであり、注文者は、請負人が仕事の最後の工程まで終え目的物を引き渡したときには、単に、仕事の目的物に瑕疵があるというだけの理由で請負代金の支払を拒むことはできない」と判示し、本件システムの完成を認めた上で、同システムの本稼働後の不具合を検討し、同システムには処理速度が被告の通常の業務に耐えられないこと及び処理速度が遅いため通信費用が増加しているとの瑕疵が存在しており、本件の事情の下では、被告の解除は有効であるとして、被告の反訴請求を認めた。

仕事の完成の基準は、契約で予定した最終工程までの終了である。委託者による検収を予定している場合は、検査に合格した物のみが引渡しの対象となる旨の条項は多いが、「完成」に至っているものであれば「単に、仕事の目的物に契約内容の不適合があるというだけの理由で請負代金の支払を拒むことはできない」ことになる（ただし、代金支払義務と修補義務は同時履行の関係に立つ）。

　上記の裁判事案は、新民法の下では、目的物（システム）の処理速度が注文者の通常の業務に堪えられない等の契約内容の不適合があり、システム開発契約の履行が取引上の社会通念に照らして不能なので（新民412の2Ⅰ）、注文者は、履行不能を原因として、同契約を解除することができ（新民542Ⅰ①）、また、請負人に対し損害賠償請求ができる（新民415）ことになるものと考えられる（新民564）。

3 危険負担との関係

　納入の時期との関係で、危険負担に触れる。危険負担とは、特定物に関する物権の設定又は移転を双務契約の目的とした場合に、当事者の責めに帰することができない事由によって滅失又は損傷したときに、いずれの当事者が、その危険を負担するかという問題である。

　新民法は、この滅失・損傷の危険は債務者（履行義務を負う者）の負担とし、双方に帰責事由のない債務の不履行は「債権者は、反対給付の履行を拒むことができる」（そして解除により契約から離脱可）とした（新民536Ⅰ）。旧民法では、特定物の場合は債権者が危険を負担することになっていたが、社会一般の感覚からすると不合理と考えられたので、債務者の危険負担に改正された。

　ところで、時々、「納品前は売主、納品後は買主が滅失・損傷の危険を負担する」という危険負担条項を見かける。これでは、「納品時」はいずれの当事者に危険を負担させようとするのかがわからない。納品時にそのような事態が生じることは希ではあろうが、「納品以後」のように「以」を加えるなどして（その時点を含むことを明らかにする用語法）、条項は遺漏なく作成したい。

4 本ケースの考え方

本ケースの条項の本文に「検収」の用語がなくとも、納品から検査合格（その後の報酬請求につながる）のプロセスが明確になっていれば何ら差し支えはない。ただし、他の条項に検収の用語が使用されている（例えば、支払時期の条項で「検収後〇日以内」など）のであれば、定義をしておきたい。そこで本ケースの条項に第4項として追加する。

修正後の条項例

4．本条に基づき目的物が検査に合格したとき（以下「検収」という。）は、甲は乙に対しその旨を書面で通知する。

MEMO

下請法と「検査・受領」

親事業者は、「受領日」（現実に受領した日＝納品日）を起算日（初日算入）として60日以内に支払をしなければならない（下請法2の2Ⅰ）。ただし、下請法の運用基準によって、あらかじめ書面で合意していれば、2ヶ月、順延2日以内まで余裕を持たせることができる。検査に合格（検収）せずとも「受領（引渡し）」があれば「仕事は完成し報酬が生じる」というのは民法の原則（民632、633）に従ったものである。また、下請法が適用される場合、契約内容の不適合を原因とする返品の期間について、「受領後6ヶ月（一定の場合は1年）以内」と「受領」基準を採っている（運用基準）。

V 契約の終了

→1 契約の終了と効力の消滅

> **ケース16**
> 残存条項の必要性
>
> 継続的契約には、しばしば次のような残存条項が見られる。必要な条項なのか。
>
> 第○条（残存条項）
> 　本契約が終了した後も、第○条、第△条から□条まで及び本条は、引き続き存続するものとする。

POINT

- ◉継続的契約における残存条項は、必要な場合と不要な場合がある。
- ◉継続的契約の期間中に生じた効力は、終了後どうなるかをシミュレーションする。
- ◉継続的契約終了後の事項を処理すべき条項を整備しておく。

1 契約の終了と効力の消滅の相異

継続的契約が終了しても、既に生じた契約の効力が消滅するわけではない（ただし、債務不履行解除など法定解除の場合、及び解除事由の定めに

基づく約定解除の場合には、契約は遡及的に失効する）。契約が終了したからといって、売買した商品の未払いの代金債権が消滅しないことを考えれば、このことは明らかである。

　法的に重要なのは、契約の終了自体ではなく、「権利の消滅」である。当該契約に基づく権利義務が消滅しない以上、契約管理は終了しない。

　なお、権利の消滅事由には、契約の効力の消滅事由（解除等）、権利自体の消滅事由（弁済等）及び主体の変更（債権譲渡等）がある。

2 終了後の処理条項

　継続的契約の場合、期間満了又は解約権の行使（「3ヶ月前までの書面の通知により解約できる」などの将来に向かって契約を終了させる約定）によって、契約は終了するが、契約書審査の際は、この終了時の処理に問題が生じないかどうかの検討が必要である。そのためには、契約終了後に生じうる事態をイメージしてみなければならない。

　例えば、次の①～⑥のような場合が想定できる。このように、各種契約に特有の問題があるが、総じて継続的契約は、契約終了時の処理に注意をしておく必要がある。これらの場合は、一義的にどうなるかということではなく、どうしたいのかという解決策を明示的に定めることになる。

① 　履行が終了していない個別契約の取扱い
　履行が完了していない個別契約には、ⅰ）基本契約の条項が適用される。ⅱ）別途自由な解約権を認めるなどの方法がある。基本契約の有効期間中の個別契約なので、当事者の意思としては、個別契約の履行が終了するまでは、基本契約の効力が及ぶとするのが合理的であるが、終了原因によっても異なる可能性はあり、明記して無用の解釈の相違を防止すべきである。

② 　紹介契約において契約期間中に紹介したが、契約終了後に報酬支払要件に該当するに至った場合
　契約終了後一定期間も、報酬支払を可能にするよう、契約条項できちんと仕組みを設けておくべきである。そうでなければ、契約期間満了直前の

紹介を期待できない。

③　在庫の処理をどうするか

　ⅰ）買主が既に購入した物品であれば、買主は自由に処分できる。ⅱ）委託売買の場合は返品することになる（受託者の買取義務を定めることもある）。ⅲ）知的財産権のライセンスは、契約終了によって、実施、利用ができなくなる。ライセンス製品の頒布もできなくなるので、在庫の取扱いは明確にしておくべきである。

④　サポートの移転が生じる場合

　売主（権利許諾者）が買主に対しユーザーに転売した商品・権利に関しメンテナンス等を継続する場合等が想定される場合は、ユーザーに対するメンテナンスの承継等の定めが必要になることがある。

⑤　共同開発契約において契約期間中の共同作業に基づき契約期間後に発明がされた場合の処理

　発明に実質的に寄与すれば発明者になるので、契約期間中の共同作業に基づく発明であれば、共同出願が妥当であるが、明記しないと疑義が生じるおそれがある。

⑥　秘密保持契約において開示した秘密の契約終了後における取扱い

　一定期間継続させておかないと、契約終了時に守秘義務も終了する可能性がある。

3 本ケースの考え方

　契約期間中に生じた代金支払義務の終了後の継続は、当事者の意思が明らかである。これだけの義務であれば、わざわざ残存条項は設けないであろう。このように当事者の意思が明確であり紛争が生じる余地がない場合には、残存条項は不要である。しかし、秘密保持条項があり、契約終了後も一定期間守秘義務を継続させたい場合には、残存条項は必要である。こ

の場合は、秘密保持条項のところに残存期間を定め、一般条項としての残存条項を設けないという規定方法もある。

　残存条項をどうするかは、契約終了の効果が明確か否かという観点から契約書の各条項を検討する必要がある。一般的な残存条項は不要と考えられる契約書にしばしば遭遇するが、当事者の意思を明確にするということで、後日意味を有する場合もあるので、あえて削除するまでもない。

　しかし、残存条項から対象とすべき条項が漏れていたらどうなるか。反対解釈として、規定しなかった以上は、適用除外とするのが当事者の意思と主張されかねない。残存条項を規定する以上は、漏れがないかを丁寧に確認すべきであろう。

　このような漏れが生じることを防ぐために、次のような条項例もある。具体的に対象条項を列記した条項に続けて、防御的に設けることになるが、和文契約書ではあまり見かけない。英文契約書では目にすることがあるので、参考までに紹介する。

修正後の条項例

第○条（残存条項）
　本契約が終了した後も、第○条、第△条から□条まで及び本条は、引き続き存続するものとする。また、上記のほか、明示の定め又は条項の趣旨に応じ、本契約終了後もその効力を継続すべき条項は、その効力はその消滅すべき事由が生じるまで存続する。

→2 継続的契約の終了

> **ケース17**
> 更新拒絶条項
>
> 相手方から提示された取引基本契約書案に契約期間に関する次の定めがある。文言どおり、1年ごとに自由に更新しないことができると考えてよいのか。
>
> 第○条（期間・更新）
> 　本契約の有効期間は、○年4月1日から△年3月31日までの1年間とする。ただし、期間満了の3ヶ月前までに、いずれかの当事者から書面により本契約を更新しない旨の申入れがないときは、本契約は同一条件で更に1年間継続するものとし、以後も同様とする。

POINT

- 継続的契約の更新拒絶は、約定どおりにできないことがある。
- 継続的契約は、信義則がその終了にも作用する。
- 期間の定めのない契約は、原則としていつでも解約できるが、信義則により制約が生じる。

1 期間の定めのある契約の期間満了・更新

　継続的契約は、その終了をめぐっての紛争例が多い。裁判例は、約定に従った解約をストレートに認めるわけではなく、解約に正当事由を必要とするなど一定の制約を加えることが多い。

　継続的契約には、期間の定めのある契約とその定めのない契約があるが、ここでは前者の場合について述べ、後記**2**で後者の場合について述べる。

中間試案の考え方（第34 継続的契約　1 期間の定めのある契約の終了）が参考になるが（新民法では不採用）、これを要約すると次のようになる。

> ① 期間の定めのある契約は、その期間の満了によって終了する。
> ② 当事者の一方が契約の更新を申し入れた場合において、当該契約の趣旨、契約に定めた期間の長短、従前の更新の有無及びその経緯その他の事情に照らし、当該契約を存続させることにつき正当な事由があると認められるときは、当該契約は、従前と同一の条件で更新されたものとみなすものとする。ただし、その期間は、定めがないものとする。

これは、概ね裁判実務で採られている考え方をまとめたものである（ただし、裁判所によって判断方法は異なり、大枠の考え方は別として、一致した考え方とは言いにくい）。すなわち、更新時の両当事者の各種事情により、期間満了にかかわらず、一方当事者が契約の存続を望むときは、その存続が正当と評価できる事由があれば、契約は終了しない（この場合、期間の定めがなくなるので、後記**2**の場合となる）。

継続的契約は信義則が特に強く支配する。そして、継続的契約の更新拒絶、解除は、期間満了、解除事由の存在だけでは足りず、やむを得ない事由ないし正当事由が必要となる場合がある（「正当事由」といっても「存続に正当事由があるときに更新拒絶を否定する」とする考え方と「更新拒絶に正当事由があるときに終了を認める」とする考え方があり、証明責任の所在が異なってくる）。したがって、契約条項の定めだけでは、期間満了による契約終了には対応できないので、そのリスクを認識（いずれの側からも「正当事由」の整備等）しておく必要がある。

次に掲げるのは、契約の性質、従前の経緯等により、約定期間満了による契約終了が認められなかった裁判例である。

大阪地判平 17.9.16 判時 1920・96
　一定期間継続することが前提となっている肉まん供給業務委託契約の解約につき、契約書の期間の定めにかかわらず、期間の定めのない契約とし、解約に「正当な事由」が必要とされた。そして本件は、そのような正当な事由がないものとし、解約の効力を否定して一定の逸失利益の賠償を認めた。
　判決は「『<u>正当な事由</u>』が必要であるか否かは、契約の目的物の性質、当事者の性質等事案の特質を考慮して判断するのが相当である」とし、本件契約の目的物（肉まん）は、「（受託者）等が共同で開発した（受託者）の……各店舗で販売される商品であったこと、……（委託者）には肉まんの商品情報、製造のノウハウ等がすべて開示されることとなっていたこと、（委託者）には月 100 万個の発注が約束されていたこと、また、（委託者）の工場施設の改善等について（受託者）側から指導がされることとなっていたことの各事実に照らせば、<u>本件契約は一定期間継続されることが当事者間において前提となっていたというべきである</u>。したがって、<u>本件契約を解約する際には、『正当な事由』が必要である</u>。」とした。
　また、裁判所は「（委託者）は、肉まんの供給が可能になってから、<u>少なくとも 1 年間の取引を期待する立場にあった</u>」として 1 年間の逸失利益を認めた。

　次の裁判例は、上記と逆に更新拒絶が認められた事例であるが、更新を拒否した当事者（業務の委託者）の事業上の重要な利益を損なう具体的な事実が存在していた場合である。

東京地判平 22.11.19 判時 2106・64
　委託者は、30 年以上の期間、商品の販売促進業務を受託者に委託していたが、契約の更新を拒絶したため、受託者が合理的理由のない更新拒絶は不法行為に当たるとして損害賠償を求めた。
　裁判所は、「（委託者）は更新拒絶の理由について<u>価格競争が激化、店舗に対する販売促進活動は事業の生命線であること</u>、（受託者）の本件販売

> 促進業務が満足し得る内容であったとは考え難いことを理由としているところ、……（受託者内でスタッフに関するトラブル等により円滑に業務を遂行できない事情）……これらの事実からすれば、(委託者)による本件業務委託契約の更新拒絶は、一応の合理性があったといえる。」とした。
>
> ちなみに、上記「一応の合理性」というのは、当該合理性を基礎づける事情にかかわらず、更新（契約存続）を正当化できる特段の事情がある場合は、別の結論になりうる旨のニュアンスを含む。

実際の運用としては、更新拒絶ないし解約にあたって、明らかに正当な事由がない限り、相当程度の予告期間をおいたり、相当程度の損失補償を行う等の配慮を行うのが安全である。

2 期間の定めがない継続的契約の終了

上記 1 と同じく、中間試案の考え方（第34 継続的契約 2 期間の定めのない契約の終了）を要約する。

> ① 期間の定めのない契約の当事者の一方は、相手方に対し、いつでも解約の申入れをすることができる。
> ② 解約の申入れがされたときは、当該契約は、解約の申入れの日から相当な期間を経過することによって終了する。
> ③ 当該契約の趣旨、契約の締結から解約の申入れまでの期間の長短、予告期間の有無その他の事情に照らし、当該契約を存続させることにつき正当な事由があると認められるときは、当該契約は、解約の申入れによっては終了しない。

これも、概ね裁判実務で採られている考え方をまとめたものである。期間の定めがない契約は、原則として、いつでも相当の予告期間を置いて解約できる。この法理は、民法に明確な規定があるわけではなく、裁判実務で採られている。この考え方に触れた裁判例がある。

> 仙台地決平 6.9.30 判時 1553・126
> 　委託者が、長年更新を重ねた運送委託契約の解約を通知したため、受託者が契約の存続を求めて地位保全の仮処分を申し立てた事案であるが、裁判所は、6ヶ月の予告期間による解約を有効とした。
> 　「本件契約は、期間の満了ごとに<u>当然更新を重ねて、あたかも期間の定めのない継続的契約と実質的に異ならない状態で存続していた</u>……、……<u>契約を終了させる意思表示は、右のような契約の一部を終了させる趣旨のもとにされたのであるから、その実質において解約の意思表示に当たり、その効力を判断するに当たっては、期間の定めのない継続的契約の解約の法理を類推するのが相当である。</u>そうすると、債務者が……契約を解約するためには、<u>債権者に対し、相当の予告期間を置いて解約を告知することが必要であると解されるところ、</u>……右の<u>予告期間は、これを6ヶ月間とするのが相当である。</u>」とし、既に契約終了の意思表示から6ヶ月が経過していることから運送委託契約は終了しているとして仮処分の被保全権利は存在しないとした。

3 本ケースの考え方

　以上のとおり、継続的契約の場合、更新しないことが文言に従い容易にできるわけではない。どのように条項を工夫しようと、法理を変えることはできない。また、予告期間の相当性は、法的判断であるので、当事者間で明確な基準によることができず、リスクは見積もりにくい。

　継続的契約を更新しないことにより終了させたい場合、一つのプロジェクトとして、事案に応じ、3ヶ月から1年程度の期間をかけて、徐々に取引を縮小したり、別の取引先を紹介したり、また、一定の補償をするなどして、正当な事由の整備を図り、相手方の当該取引依存性を解消させていく試みが必要であろう。

→3 委任契約の終了

> **ケース18**
> **委任契約の中途解約**
>
> 当社と弁護士との間の顧問契約書に次の条項があるが、途中解約はできないのか。また、途中解約をした場合に損害を賠償する義務は生じるか。
>
> 第○条（期間）
> 　本顧問契約は、○年4月1日から△年3月31日までの1年間有効とする。ただし、各当事者から期間満了前3ヶ月前までに更新しない旨の申入れがないときは、更に1年間有効とし、以後も同様とする。

POINT

- 委任契約は継続的契約であっても、終了の扱いは異なる。
- 委任契約は、信頼関係が存続の基礎をなす。
- 委任者・受任者は、委任契約を原則としていつでも任意に解除できる。
- 相手方に不利な時期又は委任者が受任者の利益（専ら報酬目的のものを除く）をも目的とする委任を解除したときは、損害を賠償しなければならない。
- 委任者が解除権自体を放棄したものと解される事情がある場合は、解除が認められないことがある。

1 委任契約の契約期間中の解約

　継続的契約であっても、委任契約又は準委任契約の場合は、前記ケース17の場合とは別の法理が適用される。まず、民法の原則を見よう。委任

は法律行為の委託で、準委任は法律行為以外の事務の委託であるが、準委任は、委任の規定を準用するので、以下、委任に統一して解説する。

① 委任者・受任者いずれも、原則としていつでも解除が可能である（新民651Ⅰ。この「解除」は、将来に向かって契約を終了させる「解約」のこと）。
② 相手方に不利な時期又は委任者が受任者の利益（専ら報酬目的のものを除く。対価性を超える独立の利益が必要である）をも目的とする委任を解除したときは、損害を賠償しなければならない（新民651Ⅱ）。ただし、やむを得ない事由があったときは、賠償義務を負わない（受任者が著しく不誠実な行動に出る等の場合）。
③ 判例理論によると、「委任者が委任解除権自体を放棄したものとは解されない事情がある」ときには、上記②の受任者の利益をも目的とする委任を解除できるとしたが（最判昭56.1.19民集35・1・1）、要するに、委任者が「解除権を放棄していないこと」（「解除権自体を放棄した」とは解されない事情）を証明できれば、解除の効力は肯定される。

解除権の放棄に関し、期間の定めのある委任契約（受任者の利益をも目的とする委任）において、契約条項、契約目的を勘案し、解除権の放棄を否定して、契約期間中の解除を認めた裁判例がある（受任者の損害賠償は認容（東京地判平26.2.5判時2229・26））。このように、単なる期間の定めだけでは、解除権の放棄とは認められないことに留意が必要である。

次に上記②の「不利な時期」の解釈を裁判例から見ていこう（新法でも「不利な時期」の解釈の参考になる）。委託者（被告）が契約期間中にエレベーター保守管理業務の委託契約を解除したことに対し、受託者（原告）が債務不履行により残存期間の報酬相当額を損害賠償請求した事案である。本件は、やむを得ない事由を認定することなく、契約期間中の解除の有効性を前提とした判断をしている。

> 東京地判平 15.5.21 判時 1840・26
> 　民法651条2項の「不利な時期」について、裁判所は「その委任の内容である事務処理自体に関して受任者が不利益を被るべき時期をいい、したがって、事務処理とは別の報酬の喪失の場合は含まれないものと解される。」とし、「原告主張の解約に伴って発生した不利益は、事務処理とは別の報酬の喪失に他ならず、報酬は原告が月々の保守管理サービスを行うことによって発生するものであること、本件解約によって原告において従業員の配置を見直したり従業員を解雇したなどといった事情を認めるに足りる証拠はなく、被告が90日間の猶予をもって本件解約通知を行っていることからすると、本件解約は『不利な時期』においてなされた場合に当たらない」とし損害賠償請求を否定した。

2 準委任の性質を有する継続的契約

　契約の題名にかかわらず、委任の性質を有する継続的契約がある。その場合、委任の性質を踏まえて、前記「継続的契約の終了」（本章Ⅴ⇒2参照）とは異なる考慮が必要となる。次の裁判例は、契約の性質が準委任であることと、委託業務の内容が高度の信頼関係の存在を前提としていることから、委託者の自由な判断により契約終了を認めた。

> 東京地判平 25.1.21 判時 2192・53
> 　原告と被告（コンビニエンスストア）のクリーニング取次サービス契約（原告の業務は工場指導、市場調査等多岐にわたり、サービス実施のために重要な役割を果たし、売上の7％の配分を受ける）は、「準委任の性質を有することからすれば、高度な信頼関係が存在することが前提となっているのであり、それが維持できないとなれば、契約関係を解消することができるのが原則であって」、「被告は、理由の有無にかかわらず、自由な判断により……期間満了による契約終了の通知をすることができると解するのが相当」とした。

このように継続的契約といっても委任・準委任のように当事者間の強い信頼関係が求められる場合には、委任における解約自由の原則が適用される。また、期間の定めのない税理士顧問契約であるが、即時解除を肯定した判例がある（最判昭 58.9.20 判時 1100・55）。

3 本ケースの考え方

資格専門職の士業の顧問契約をする際は、高度の信頼関係に基づくものであり、期間の定めは、法的拘束力がないものと考えておくべきである。これを明確化する条項は「修正後の条項例」に記載する。

なお、事業者同士の定型的ともいえる準委任契約については、解除権の放棄までは認められなくとも、途中解約による違約金の合意は認められる可能性も否定はできない。このような場合に当たる受託者側からの実務的な条項例を挙げておく。ただし、受任者に信頼関係を著しく損なうような事由がある場合には、このような違約金条項は、適用除外と解釈されるであろう。

> 第○条（解約）
> 　委託者は、本契約期間中といえども、受託者に対し解約日から契約期間満了日までの業務委託料相当額を違約金として支払うことにより、本契約を解約することができる。

修正後の条項例

> 第○条（解約）
> 　委任者及び受任者は、理由にかかわらず、相手方に対する書面の通知により、何時でも本顧問契約を解約することができる。

4 契約解除条項の点検ポイント

> **ケース19**
> 解除通知の文言
>
> 契約書の解除条項に「催告により解除」という文言を見るが、具体的には、どのような文言の解除通知を送ればよいのか。催告と解除と2回の通知が必要なのか。

POINT

- 新民法は、催告解除のほか**無催告解除ができる場合**を規定する。
- 相手方に帰責事由がない債務不履行でも、契約関係から離脱するために解除ができる。ただし、帰責事由がある当事者からは、契約解除はできない。
- 任意に定める契約解除事由に形式的に該当しても、解除が有効にできるとは限らない。
- 「支払停止」「支払不能」など、契約解除事由を理解しておく。

1 契約解除とは

　新民法は、債務不履行（履行遅滞・不完全履行・履行不能）による解除を定めているが（新民541、542）、解除を債権者（相手方に履行を請求する者）の契約関係からの離脱と位置付けており、相手方の責めに帰すべき事由は不要とする（ただし、責めに帰すべき事由のある債権者からの解除は認められない。新民543）。このような法定解除とは別に、一定の解除事由による解除権を約定してもよい（約定解除）。いずれの場合も契約の解除により、契約の効力は失われる。ただし、解除といっても、将来に向かって継続的契約の効力を喪失させる「解約」を意味することがあり、解

除・解約のいずれに当たるかは、当該解除権の趣旨（法律上の性質、当事者の意思）に応じることになる。なお、当事者全員の合意による解除については、合意書で、原契約の条項の取扱いを定めることになる。

2 契約解除条項の一般的な留意点

　履行遅滞、不完全履行による解除は、法律上、原則として「相当の期間を定めた履行の催告」を要する。

　ただし、期間経過時における債務不履行がその契約及び取引上の社会通念に照らして軽微であるときは、解除できない（新民541）。

　これは、従来の判例が、不履行部分が軽微であったり、契約目的達成に必須ではない付随的義務の不履行にまで契約解除を認めてこなかったので、その趣旨を明文化したものとされる。

　したがって、特別のことを定めたものととらえる必要はない。なお、一定の行為を求める意思表示を「催告」という。「相当の期間」とは、是正に通常必要とされる期間であるが、ケースバイケースである（例えば、支払遅延であれば、本来の支払期限に資金準備をしておくのは当然なので、支払手続上の過誤を是正するのに必要な程度の期間）。

　新法では、このほか、次のとおり無催告解除が認められる場合を規定した（新民542）。

① 契約の全部の無催告解除が認められる場合（新民542 Ⅰ）
　・全部の履行が不能であるとき
　・債務者が全部の履行を拒絶する意思を明確に表示したとき
　・一部の履行が不能の場合又は債務者が一部の履行拒絶の意思を明確に表示した場合において、残存する部分のみでは契約の目的を達せられないとき
　・契約の性質又は当事者の意思表示により、特定の日時又は一定の期間内に履行をしなければ契約の目的を達せられない場合において、債務者が履行を遅滞したとき
　・そのほか、債務者が債務の履行をせず、債権者が催告をしても契約の

目的を達するのに足りる履行がされる見込みがないことが明らかであるとき

② 契約の一部の無催告解除が認められる場合（新民542Ⅱ）
・債務の一部の履行が不能であるとき
・債務者が一部の履行を拒絶する意思を明確に表示したとき

したがって、民法で定めた場合以外の事由につき無催告解除とするには、特約が必要となる。ただし、信義則上、催告が必要とされる場合も想定され、また、消費者契約の場合は、消費者契約法10条の適用により無催告特約の効力が否定されることがあることに留意を要する。

契約条項で、解除の対象を、当契約のみならず「甲乙間で締結したすべての契約の全部又は一部」とする場合がある。「すべて」というのは、解除事由が共通でない他の契約を締結している可能性があるときなどに用いる（様々な部門で相手方様式その他別々の様式の契約書を用いているなど）。また、「全部又は一部」というのは、解除の対象とする契約を選択できるようにする配慮である。

3 解除条項例の解説

継続的契約には、一般的に契約解除事由が合意されている。以下、若干の解除事由を解説する（本書巻末資料「取引基本契約書」16条1項参照）。

① 「本契約又は個別契約に違反し、相当の期間を定めて催告したにもかかわらずこれを是正しないとき」
継続的契約において、本質的ではない契約違反を無催告解除事由とするとお互いに不都合が生じるおそれがある（例えば、1回の支払遅延）。そのため無催告解除が必要な重大な契約違反は、別に定めておく。

② 「約定の期間内に個別契約を履行する見込がないと認められるとき」
当該個別契約を解除して他に発注したり、作業を中止して損失を最小限

に留めたりするなどの対応を可能にするものである。

③　「仮差押、差押、強制執行若しくは競売の申立てがあり、若しくは滞納処分を受け、又はそれらのおそれがあると認められるとき」

　「申立て」時を基準とし、「おそれ」を条項の文言に入れて債権保全・回収を行いやすくする。解除事由には通常「仮処分」の定めがある。しかし、仮処分は、債務者の資力とは無関係なので（民事保全法23）、契約の目的に関連しない「仮処分」は不要である。ただし、取引の対象物が特許権侵害を理由とする販売禁止の仮処分が想定できる場合などはあってもよい。

④　「破産手続開始、民事再生手続開始、会社更生手続開始若しくは特別清算等の申立てがあったとき、又はそれらの手続開始等の要件に該当する事由があると認められるとき」

　各手続が「開始したとき」では、申立てから開始まで動きがとれない。「申立てをしたとき」では、他の債権者からの申立てに対応できない。これら申立てに係る要件該当事由にまで広げると、動きがとりやすい。

　なお、倒産手続の趣旨に反する解除の効力は否定される可能性がある（最判平20.12.16民集62・10・2561：ファイナンス・リース契約のユーザーについて民事再生手続開始の申立てがあったことを契約の解除事由とする旨の特約は民事再生手続の趣旨、目的に反し無効とした）。

⑤　「支払停止若しくは支払不能に陥ったとき、又はその振出、保証、裏書、引受をした手形若しくは小切手が不渡りとなったとき」

　「支払停止」は、弁済期の到来した債務を一般的かつ継続的に弁済できない旨を外部に明示的・黙示的に表示する行為をいう（破産手続申立て準備の通知など）。「支払不能」（客観的な状態）は、倒産手続開始の要件であり、また、その段階での債務者による一部の債権者を満足させる行為が手続開始後に否認の対象となる。「支払停止」は「支払不能」を推認させる（破産法15Ⅱ）。「支払（の）停止」の用語は、破産法等の各種倒産手続法のほか、会社法（第9章「清算」の箇所）、民法（「根抵当権の被担保

債権の範囲」の箇所）に見られる。また、「支払不能」の用語は、新民法424条の3第1項1号（詐害行為取消権）に見られる。

⑥ 「重要な事業の停止、廃止、譲渡又は解散（合併による消滅の場合を含む。）の決議をしたとき」

　取引能力、支払能力に問題が生じうる事由である。形式的に該当しても、契約の継続に重大な影響が生じない場合には、解除事由とならないと考えるのが合理的である。

⑦ 「合併その他の組織再編又は株主構成若しくは役員の変動等により実質的支配関係が変化したとき」

　いわゆるチェンジ・オブ・コントロール（支配権異動）条項である。取引先が当方の競合会社や信用に問題のありそうな会社に買収されたような場合、契約を終了させる必要が生じる。敵対的買収防止のために設定されることもある。将来の不確実な状況に対応しうる抽象的な条項なので、その効力はそのときの具体的な事情に応じて判断される（合理的解釈）。

⑧ 「重大な契約違反又は背信行為があったとき」

　「重大な契約違反」とは契約の目的を達成できない程度の契約違反を想定している。範囲について争いが生じる可能性があるので、対象となる事由を具体的に例示しておく方法もある。

⑨ 「上記各号の一に準ずる事由その他本契約の継続を困難とする事由が発生したとき」

　継続的契約では予測できない事由が生じうるので、包括条項は設けておくべきであろう。

4 本ケースの考え方

　催告が必要な場合、催告と解除の通知を別に行う必要はなく、催告通知による停止条件付解除の意思表示（催告で求めた行為が履行されない場合

を停止条件とする解除の意思表示）でよい。また、解除の効力は、意思表示の到達により生じる（新民97Ⅰ）ので、配達証明付内容証明による解除通知が適当である（到達＝効力発生の証拠となる）。なお、無催告解除の特約があっても、解除の効力発生に慎重を期する場合は催告を行った上で解除することもある。

修正後の条項例

　貴社は、本契約に基づく後記お支払いが遅延しております。つきましては、本書到達後〇日以内に全額をお支払いください。万が一お支払いがないときは、本契約を解除します。解除の通知は改めて致しません。

MEMO

破産法の「支払の停止」

　債務者（給与所得者）の代理人弁護士が債権者一般に対し債務整理開始通知（破産申立準備との記載はない）を送付した行為が破産法162Ⅰ①イ及びⅢにいう「支払の停止」に当たるとした判例がある（最判平24.10.19判時2169・9）。

　債権者一般に宛てた通知に「当職らは、この度、後記債務者から依頼を受け、同人の債務整理の任に当たることになりました。」「今後、債務者や家族、保証人への連絡や取立行為は中止願います。」などと記載されていたものの、債務の具体的内容、債務整理の方針等が記載されていない場合において、原審は、この通知の送付は「支払停止」に当たらないとしたが、最高裁は、「支払停止」に当たるものと判断し、通知後の特定の債権者に対する弁済の否認を肯定した。

　本判決には、判断の射程距離に関し、「一定規模以上の企業、特に、多額の債務を負い経営難に陥ったが、有用な経営資源があるなどの理由により、再建計画

が策定され窮境の解消が図られるような債務整理の場合において、金融機関等に『一時停止』の通知等がされたりするときは、『支払の停止』の肯定には慎重さが要求されよう。」との補足意見があり、この趣旨は、契約書の解除事由として記載されている「支払停止」にも当てはまるものと思われる。

5 契約終了時の他のポイント

> **ケース 20**
> 信用不安が生じたときの供給停止条項
>
> 当社は新しい取引先と、当社が製造販売する部品の継続的売買契約をしたいが、先方の経済的信用性が明らかではない。そこで、信用不安が生じたときには、受注した製品の供給を、支払いに問題ないことが判明するまで停止できるように契約書で定めたい。どのような条項を設ければよいか。

POINT

- 合意解除をする場合は、必要に応じて周辺事項を合意する。
- 中途解約条項は、継続的契約の終了に関する法理が適用される。
- 期限の利益喪失は、約定がないと限定的な場合にしか認められない。
- 解除と損害賠償は、直接には結びつかない。
- 不安の抗弁権の適用は、約定に基づく必要がある。

1 合意解除

契約は、遡及的に、又は将来に向かって、合意により効力を失わせることができる。その場合、解除により処理すべき事項はあるか検討が必要となる（履行済・履行着手済事項の手当など）。また、秘密保持条項など債権債務を存続させる必要がある場合に留意する。

2 中途解約条項

中途解約条項が設けられることがある。例えば、「第○条（中途解約）本契約の有効期間中といえども、各当事者は、相手方に対し3ヶ月前まで

に書面で予告することにより本契約を解約することができる。」のような条項である。この場合、文言どおり解約ができるか否かにつき問題が生じうることは、継続的契約の終了についての法理が適用され、信義則の適用により解釈上の制限が加わる可能性がある。また、知的財産のライセンス契約では、ライセンシーに一方的に不利益な解約条件を付す行為は、独占禁止法上問題となる他の制限行為と一体として行われ、当該制限行為の実効性を確保する手段として用いられる場合には、不公正な取引方法に該当するものとされる（知的財産の利用に関する独占禁止法上の指針）。

具体的に、3ヶ月前というのは、期間満了が3月31日の場合、前年の12月31日となる（午前0時から始まるので初日を算入、暦に従って計算。民140但、143。なお、12月31日が休日の場合はその前日。民142）。

3 期限の利益喪失

期限の利益とは、期限までは履行をしなくてよいという債務者の利益をいうが、債務者が契約解除事由に該当する一定の事由が生じた場合には、契約解除にかかわらず、期限の利益を喪失させ、債権者がいち早く債権回収に着手できるようにしておく。期限の利益を喪失させる場合は、当然喪失と催告喪失がある。

民法上の期限の利益喪失は、ⅰ）破産手続開始決定、ⅱ）担保を滅失・損傷・減少させたとき、及びⅲ）担保提供義務の不履行に限定されている（民137）。したがって、その他の事由を定めるためには、合意が必要である。なお、期限の利益喪失は、金銭債務に限るものではないが、実際に適応があるのは、金銭債務の場合がほとんどであろう。

4 解除と損害賠償

解除事由は、債務不履行事由とは限らない。また、解除事由を損害賠償事由として、別途定めることも多い。例えば次のような条項例であるが、損害の証明、相手方の資力等に鑑みると実効性に疑問はある。

「当事者の一方が契約解除事由に該当したことによって相手方が損害を被ったときは、当該相手方は、契約解除の有無にかかわらず、他方当事者

に対し、その損害の賠償を請求することができる。」

5 不安の抗弁権

　不安の抗弁権とは、契約の相手方に不履行の不安が生じたときに、先履行義務を負う当事者が自分の債務の履行をしないでも契約違反にならないとする考え方である。

　継続的取引において起こりがちにみえるが、このような事態に対応できる法律上の手段は、ストレートにはない（信義則等の一般条項を事案に応じて適用することは考えられる）。

　最高裁は、このような場合につき、一定の抗弁権を認めている。

> 最判昭 42.6.29 判時 494・41
> 　「（継続的供給契約においては）各当事者は<u>相手方の前期の給付に対する債務の不履行を理由として、後期における自己の給付につき同時履行の抗弁権を有する</u>ものと解すべき……であり、このような同時履行の関係にある場合には、反対給付をしないでした履行の催告は、相手方を遅滞に陥らしめることはできず、従って、そのような催告に基づいてなした解除の意思表示は、効力を生じないものと解すべきである。」

　しかし、ここでは、買主の前回の代金未払という履行遅滞を理由に、今回の商品供給をしなくとも、売主は債務不履行（商品引渡義務の履行遅滞）にならないということであって（同時履行となる）、売主の立場からは不安は解消し切れていない。売主としては、買主に支払の不安が生じたときは、商品の供給を直ちに停止ないし中止（個別契約の解除）をしたいところである。

6 本ケースの考え方

　上記5で述べたとおり、売主は、「不安」の内容と対抗手段を明確にしておく必要がある。ただし、不安の抗弁権について、当該不安につき客観的合理的な蓋然性が必要とした次のような裁判例があるので、条項を設け

た上で、運用上の留意が必要となる。

> 東京高判昭 56.2.26 判時 1000・87
> 　不安の抗弁権を定める条項に関し「単に売主が主観的に代金債務不履行の恐れを抱けば何時でも自由に販売を停止し得る趣旨のものと解することはできず、買主に<u>支払期日における代金決済を期待し難い客観的合理的な蓋然性が認められた場合に限り</u>、じ後の供給を停止し得る趣旨と解すべき」と判示した。

修正後の条項例

　買主が○○○○（契約解除事由の一つ）に該当し、又は納入品に関し苦情を申し立て、若しくは理由の如何を問わず納入品の代金を期限に支払わないおそれ（前期納入品の支払遅延を含む。）があるときは、売主は、当事者間のすべての個別契約に基づく目的物の一部又は全部の納入を停止し、又は中止することができる。売主は、上記停止又は中止により買主に生じる損害の賠償責任を負わない。

第2章 問題になりやすい条項

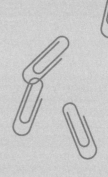

I 契約内容不適合責任と品質保証

→1 契約内容不適合責任と品質保証条項

ケース1
契約内容不適合責任の条項

当社の製造販売する機械部品製造装置の売買に際し、買主から次の条項のある売買契約書案を示された。民法の原則と異なって売主である当社に不利益な部分はないか。

第○条（契約内容不適合責任）
　引渡しから1年以内に当該目的物に本契約の内容と適合しない不具合が発見されたときは、買主は売主に対し、その旨を通知し、売主は買主の指示に従い、買主の指定する期間内に無償で代品と交換し、若しくは売主の費用負担で修理し、又は代金の減額若しくは返品に応じなければならない。

POINT

- 契約内容不適合責任は、旧法の瑕疵担保責任における瑕疵と同一の内容に対する担保責任であるが、新民法はこれを契約責任とし整理し直した。
- 契約内容不適合とは、「種類、品質又は数量に関して契約の内容に適合しないこと」とされる。旧法では、「数量」については、瑕疵担保責任とは別の扱いとされていたが、新民法では、同じ扱いに統一した。

● 契約内容が不適合の場合、新民法は、追完請求権と代金減額請求権を無過失の法定責任として規定し、解除と損害賠償は、民法共通の原則に従うものとした。
● 品質保証条項は、契約内容を定めるほか、保証違反の場合に生じる責任の履行方法に関しての特約ととらえることができる。

1 契約内容不適合責任

(1) 契約内容不適合責任とは何か

　新民法は、売買（第3編第2章第3節）に、引き渡された目的物が種類、品質又は数量に関して契約の内容に適合しない場合の責任（新民法も「担保責任」の用語を使用する（新民572の見出し等）。また、実務では「契約内容不適合責任」「契約不適合責任」などと略称することがある）を定めた（下記(2)参照）。そして、売買の担保責任の規定は、請負その他の有償契約に準用される（民559）。

　判例は、旧法の「瑕疵」の実質的意味を、品質等に関し契約の内容に適合しないこととしており、新法は、端的にその旨の用語を使用したもので、従来の「瑕疵」の概念を変更したものではないとされる（「一問一答」Q147参照）。ただし、「契約の内容」の解釈という観点から不適合性の範囲が検証されるので、契約内容の充実（仕様の明確化等）がより一層求められることになろう。

　従来の「瑕疵」は、次の場合を意味するものとされており、新法の契約内容不適合の内容も同様の理解でよいものと考える。

　① 通常備えるべき品質、性能を有していない場合
　② 合意の内容として備えるべき品質、性能を有していない場合

　従来の「瑕疵」には、不動産売買において、目的の建物が建築できない法令上の制限がある土地の場合や目的物にまつわる嫌悪すべき歴史的背景等に起因する心理的欠陥がある場合（売主の前所有者が自殺したなど、東京地判平7.5.31判時1556・107参照。「心理的欠陥」の用語は判決文で使

用）なども含まれており、新法でも同様の考え方が妥当する。

(2) 責任の内容

　新民法は、契約内容不適合責任について次のように定める。なお、旧法は、売買の瑕疵担保責任について、「隠れた瑕疵」を対象としていたが、新法は、外見上明らかでも不完全履行となり得るとし、「隠れた」の要件を削除した。

① 追完請求権（新民562）

　引き渡された目的物が種類、品質又は数量に関して契約の内容に適合しないものであるときは、買主は、売主に対し、目的物の修補、代替物の引渡し又は不足分の引渡しによる履行の追完を請求できる。ただし、売主は、買主に不相当な負担を課するものでないときは、買主が請求した方法と異なる方法の追完をすることができる。

　まずは、買主に選択権を与え、買主の負担が不相当でないときは、売主が別の方法を選択できるという仕組みである。すなわち、買主が、「不具合があるので新しい物と代えてほしい」といっても、売主は、「修理をしてすぐに直ります」として修補を選択することができる。

② 代金減額請求権（新民563）

　買主は、相当の期間を定めて上記①の履行の追完の催告をし、期間内に追完がないときは、不適合の程度に応じて代金の減額を請求することができる。ただし、次の場合は、催告する意味が失われているので、直ちに代金減額請求ができる。
・追完が不能のとき
・売主が追完拒絶の意思を明確に表示したとき
・契約の性質又は当事者の意思表示により、特定の日時又は一定の期間内に履行をしなければ契約目的を達せられない場合に、売主がその時期を徒過したとき
・そのほか、催告をしても追完の見込みがないことが明らかであるとき

以上の①②は、法定の無過失責任であるが、契約内容不適合責任は、契約責任という位置付けなので、別途要件を満たす場合は、契約解除権及び債務不履行に基づく損害賠償請求権が生じる（新民564）。

(3) 担保責任の期間

契約内容不適合にかかる担保責任は、法定の期間内に通知をしなければならない。この法定の期間は、除斥期間といわれるもので、その期間内に通知をしなければ追完請求、代金減額請求、損害賠償請求及び契約解除ができなくなる（新民566）。この通知は、内容把握が可能な程度に、不適合の種類・範囲を伝えることをいう。

① 売買等の有償契約：買主が知った時から1年以内に通知（新民566）。なお、別途、「知った時から5年」又は「引渡時から10年」の請求権自体の消滅時効の進行が開始する。

② 商人間の売買：目的物受領後6ヶ月。買主は目的物受領後「遅滞なく」検査しなければならず、不適合を発見したら「直ちに」売主に通知しないと担保責任は追及できない。6ヶ月以内に直ちに発見することができない不適合を発見した場合も同じ（新商526）。

2 保証責任

製品・サービスレベルの保証は、その内容を契約内容とする契約内容不適合責任ないし類似の責任となる。法定の契約内容不適合責任の範囲と重ならない部分は、合意による特約となる。まず、合意を適用し、合意の範囲外の事項については、法定の契約内容不適合責任の条文を適用することになる。

契約内容としての仕様は、当該目的物を取り扱う業界で標準になっているような基本的条件まで詳細に記述するのは困難が伴う。そのような場合に利用できる一定の基準の品質を保証させる条項例は、第1章Ⅳ⇒2「債務の本旨に従った履行—品質に問題がある場合」を参照されたい。

3 本ケースの考え方

本ケースの条項は、次の内容に分解できる。

① 引渡しから1年以内に不適合が発見されたときを定める

この期間は、商人間の売買における受領後6ヶ月（新商526Ⅱ）より長く、民法の「知った時から1年」（新民566）より短く設定されている。売主にとって特別に不利というわけではないであろう。

② 買主は売主に通知をする

除斥期間中に買主の通知が必要なので、法律に沿ったプロセスである。

③ 買主は、下記④と選択的に、期間を指定して無償交換又は無償修理を売主に求めることができる

法定の契約内容不適合責任に沿っており特に問題はない。

④ 買主は、上記③と選択的に、代金減額又は返品を求めることができる

法定の代金減額請求権は第二次的であり、また、返品は契約解除（一部又は全部）のことであるので、法律上は、解除の一般的要件を満たす場合に限られる。したがって、④は、売主にとって、責任が加重されているようにみえる。ただし、このような条項の表現方法では、買主は民法の範囲内で上記請求ができるものと解釈される可能性もあるので注意が必要となる（民法の「定めを排除する意思表示は明確に」の原則）。

製品に不適合が存在する以上、上記の③④程度の責任加重はやむを得ないとするのか、一方的な選択権等は対応困難とするのかは、法的リスクを踏まえた上で、ビジネス上の判断となる。下記修正後の条項例は、本ケースの条項における売主の責任を若干緩和したものである。買主の選択権を両者の協議に置き換え、また、協議の結果に従って、一定の行為を行うようにした。なお、この場合は、協議が調わなくとも、買主は、法定の担保

責任を問うことは妨げられない。

> **修正後の条項例**
>
> 第○条（契約内容不適合責任）
> 　引渡しから１年以内に当該目的物に本契約の内容と適合しない不具合が発見されたときは、買主は売主に対し、その旨を通知し、売主は買主と協議を行い、買主の指定する期間内に無償で代品と交換し、若しくは売主の費用負担で修理し、又は代金の減額若しくは返品を行うものとする。

→2 契約内容不適合責任と債務不履行責任の関係

> **ケース2**
> **納入された不完全なシステムに関する請求権**
>
> 当社（注文者／ユーザー）はシステム開発会社（請負人／ベンダー）にシステムの開発を委託したが、納品物を検査したところ、不完全なところが発見された。次の場合について、当社はベンダーにどのような請求権を有するか。
> ① 主要な部分が未完成である。
> ② 主要な部分ではないが、仕様書記載の機能がない。
> ③ いわゆる不具合（バグ）が多数見つかった。

POINT

- システムの完成を目的とするシステム開発契約は、請負契約である。
- 引き渡されたシステムが、種類・品質に関し契約内容に適合しない（契約内容不適合の）場合は、注文者は、追完請求、代金減額請求、契約解除及び損害賠償請求を検討することになる。
- 契約内容不適合の場合、契約解除及び損害賠償は、新民法共通の一般的な規律に従う。
- 不具合（バグ）は、程度に応じて、契約解除、損害賠償の事由となる。

1 契約内容不適合責任と不完全履行

　従来の瑕疵担保責任は、法定責任説（債務不履行責任が生じない場合に法が特別に定めたのが瑕疵担保責任という考え方で、基本的に裁判実務の考え方であった）によると、特定物は完成・引渡しによって履行は完了するので、その後は瑕疵担保の問題となり、不完全履行すなわち債務不履行

の責任は問えなかった。そこで、請負契約では、仕事の完成の基準が重要であったが、システム開発においては、未完成なのか完成したが瑕疵があるのかが判然としないことが多く、この基準について述べた裁判例もある。

> 東京地判平 14.4.22 判タ 1127・161
> 「民法の規定によれば、法は、仕事の結果が不完全な場合のうち仕事の目的物に瑕疵がある場合と仕事が完成していない場合とを区別し、仕事の目的物に瑕疵が存在していても、……そのために仕事が完成していないものとはしない趣旨であると解される。よって、請負人が仕事を完成させたか否かについては、仕事が当初の請負契約で予定していた最後の工程まで終えているか否かを基準として判断すべきであり、注文者は、請負人が仕事の最後の工程まで終え目的物を引き渡したときには、単に、仕事の目的物に瑕疵があるというだけの理由で請負代金の支払を拒むことはできない。」

新民法では、従来の「瑕疵」は「種類又は品質に関する契約内容不適合の状態」であって、引き渡された目的物に当該不適合があれば、仕事が未完成であろうと、完成したが欠陥があった場合であろうと、注文者には、追完請求、代金減額請求、契約解除及び損害賠償請求の救済手段が認められる。そのため、「完成」か「未完成」かを厳密に区別する意味は乏しくなる。

2 契約内容不適合の場合の請求権と法的根拠

事例として、システム開発の請負契約において、引渡しのあった目的物であるシステム（完成している）につき、処理速度が注文者の通常の業務に堪えられない等の重大な欠陥がある場合において、新法と旧法の請求権と法的根拠の相違を対比した。

【契約内容不適合責任と瑕疵担保責任の比較】

	新民法	旧民法
法的根拠	契約内容不適合責任（債務不履行責任）	瑕疵担保責任
該当性	・「目的物が品質に関して契約の内容に適合しない」ことになるかどうか ・目的物の処理速度が発注者の通常の業務に堪えられない等の契約内容不適合	・瑕疵があるか（実質的には、新法の内容と同じ） ・目的物の処理速度が発注者の通常の業務に堪えられない等の瑕疵
追完・代金減額請求	修補請求、代金減額請求（新民559、562、563）	修補請求（旧民634）
解除	・「債務の全部の履行が不能なとき」として無催告解除（新民542Ⅰ①） ・通常の業務に堪えられないシステムの完成は、債務の本旨に従った履行とはいえず、契約及び取引上の社会通念に照らして履行不能（新民412の2Ⅰ）のため解除	契約目的を達せられないので解除（旧民635）
損害賠償	・請求可能（新民415） ・履行利益（新民415Ⅱ） ・請負人が、契約及び取引上の社会通念に照らしてその責めに帰することができない事由を証明すれば免責される（注文者の協力が得られなかったなど。（新民415Ⅰ但））	・請求可能（旧民634Ⅱ） ・履行利益（売買では信頼利益） ・無過失責任

3 不具合（バグ）と契約内容不適合責任の関係

「バグ」とは、コンピューター・プログラムのエラーであるが、旧民法下で瑕疵との関係に触れた裁判例がある。

東京地判平9.2.18判タ964・172

「プログラムにはバグが存在することがありうるものであるから、コンピューターシステムの構築後検収を終え、本稼働態勢となった後に、プログラムにいわゆるバグがあることが発見された場合においても、プログラ

> ム納入者が<u>不具合発生の指摘を受けた後、遅滞なく補修を終え、又はユーザーと協議の上相当と認める代替措置を講じたときは、右バグの存在をもってプログラムの欠陥（瑕疵）と評価することはできない</u>ものというべきである。これに対して、バグといえども、<u>システムの機能に軽微とはいえない支障を生じさせる上、遅滞なく補修することができないものであり、又はその数が著しく多く、しかも順次発現してシステムの稼働に支障が生じるような場合には、プログラムに欠陥（瑕疵）がある</u>ものといわなければならない。」

　すなわち、プログラム開発の請負契約において、軽微なバグについては、瑕疵担保責任として無過失の損害賠償責任まで認めるのは不合理なので、瑕疵とまで評価できないバグという考え方が有益であった。新民法の下でも、市販のアプリケーションソフトのように、随時、バグを修正するソフトウェアを配布・配信しているような場合には、契約内容不適合として債務不履行責任を構成すると評価するまでもないと考えることも可能と思われる。

4 本ケースの考え方

　納品物であるプログラムに不完全性が発見された場合であるが、次のように考えることができる。

① 主要な部分が未完成である

　主要部分が未完成であれば、引き渡された目的物が品質に関し契約内容に適合しないものとして、注文者は請負人に対し、ⅰ）修補請求（新民559、562）、ⅱ）代金減額請求（二次的）（新民559、563）、ⅲ）契約の解除（新民541、542Ⅰ）、ⅳ）損害賠償請求（新民415）が可能である。

② 主要な部分ではないが、仕様書記載の機能がない

　一部の機能が未完成であっても、契約内容不適合として、上記①と同様

の請求等が可能である。ただし、契約解除については、未完成の機能につき、相当の期間を定めて履行の催告をすることが必要となる（新民541本文）。この場合、その不履行が契約及び社会通念に照らして軽微であるときは、解除はできない（同541但）。

③　いわゆる不具合（バグ）が多数見つかった

　軽微なバグであれば、バグフィックスのためのプログラムないし役務の提供を受ければ法的責任を追及できない場合がある。軽微とはいえないバグであれば、その程度に応じて、上記①又は②の方法がとれるであろう。

Ⅱ 表明保証条項

→1 デューディリジェンス

ケース3
法務デューディリジェンスの省略

全株式を譲り受けて完全子会社にしたい会社があるが、連結にしても財務上の重要性はないので、法務デューディリジェンスを省略したい。リスクはないか。

POINT

- 株式売買、募集株式引受けなどの際、対象会社の内容を調査する（デューディリジェンス）。
- 調査は限定的ではあるが、実施しないと相手方に対する損害賠償請求が否定されるおそれがある。
- 契約の実行（クロージング）まで時間が経過するときは、重要な情報を適時に更新する。
- 調査で得られた情報を踏まえて表明保証条項を作成する。

1 デューディリジェンスとは何か

株式譲渡、出資など（以下「M＆A」ということがある）、対象会社の内容（財務、法務、ビジネス、IT、人事・労務、資産の価値等）が重要

な取引においては、その契約書に対象会社に関する一定の事項の表明と保証を規定するのが一般的である（そのほかに契約当事者に関する表明保証も規定する）。デューディリジェンス（以下「DD」ということがある）によって発見できない重要事項、DD の実施で懸念が生じた重要事項等が対象となる。

デューディリジェンスというのは、対象会社に対する財務、法務等の観点からの調査であるが、次のような目的が考えられる。

① 企業価値の評価、株式価格の算定
② 問題点の発見（M＆A実行の阻害要因、最終契約に前提条件・表明保証として盛り込む事項等）
③ 最終契約実行後（ポスト・マージャー・インテグレーションの略称である"PMI"ということがある）を見据えた問題把握（内部統制、人員配置、設備更新等）

デューディリジェンスの目的について言及した裁判例がある（東京地判平 18. 1. 17 判時 1920・136「アルコ事件」）が、次のように述べる。

「企業買収におけるデューディリジェンスは、買主の権利であって義務ではなく、主としてその買収交渉における価格決定のために、限られた期間で売主の提供する資料に基づき、資産の実在性とその評価、負債の網羅性（簿外負債の発見）という限られた範囲で行われるものである。」

しかし、「限られた範囲」といえども、DD を実施しないと、次のように大きなリスクがある。

① 限られた時間、資料の範囲ではあれ、一般的に妥当な方法で DD を実施しないと、後日、虚偽の情報が発覚したときの損害賠償請求が否定される（又は大きな割合の過失相殺がなされる）可能性がある。
　わずかな注意を払えば表明保証事項違反を知り得た場合に、買収者に重大な過失があったとして売主が表明保証責任を免れると解する余地がある旨、一般論として述べた裁判例がある（前記東京地判平 18. 1. 17）。

②　M&Aを実行した会社の役員が責任（忠実義務違反）を問われる可能性がある。
③　対象会社が連結子会社になる場合は、財務諸表に重要な虚偽表示の疑いが生じると、連結決算が時期に遅れることになる。

　また、「企業間の買収については、私人間の取引であることから私的自治の原則が適用となり、同原則からは、買収に関する契約を締結するに当たっての情報収集や分析は、契約当事者の責任において各自が行うべきものである。そうだとすると、情報収集や分析が不十分であったなどのために契約当事者の一方が不利益を被ったとしても、当該不利益は当該当事者が自ら負担するのが原則であると解するのが相当」とする裁判例（東京地判平 19. 9. 27 判時 1987・134「ライブドアオート事件」）があるので留意が必要である。

2 法務デューディリジェンスの実施

　特定の権利の法的検討から会社・子会社全体の法的調査まで、法務 DD の範囲は広い。拠出金額、経営への影響、目的、M&Aの方法等に応じて、対象を絞り、効率的に実施する。

(1) 契約書のチェックポイント
① 重要性の程度（対象会社の価値に影響する程度）
　時間が限られているので、重要性に応じて精査の度合いは自ら異なる。ただし、会社の事業との関連性が不明確な契約、会社関係者との契約など質的に重要な契約にも注意が必要である。

② チェンジ・オブ・コントロール（支配権変更条項）
　契約において相手方の支配権が変更した場合に、他方当事者が契約を解除することができる旨定めた条項である。
　継続的契約は共存共栄が基本である。競合先等が相手方の支配権を取得した場合、自社の企業戦略に重大な影響が生じる場合がある。そのような

場合に契約を解消できるようにしておく必要性がある。正当な理由なく本条項によって解除できるわけではないが（個別具体的な事案において信義則の適用がある）、事実上の紛争も考慮の上、リスクとして把握する。

③　競業禁止

　独占的契約等の契約期間中、また、過去に行った事業譲渡・子会社の株式譲渡契約等に、一定期間の競業禁止条項が存在する場合がある。M＆Aの目的阻害要因となりうる。既に終了した契約でも競業禁止義務が一定期間存続している可能性があるので確認が必要である。

④　契約の相手方（関係当事者、会社との関係が不明な者）

　不要な取引、不当・不利な条件、循環取引、継続を欲しない取引先等の問題が想定される。

(2) 直近の財務内容、変動情報を確認する
① 　DD時と決算期が離れている場合は、別途直近の財務内容その他変動が想定される情報を確認しないと、財務内容に虚偽の情報があった場合に、買主において期待された調査を実行しなかったとして、損害賠償請求の際、過失相殺が認められることがある（東京地判平15. 1. 17判時1823・82「第一火災海上事件」）。
② 　DD後クロージングまでが長期にわたるときは、財務情報以外にも重要な情報を必ずアップデートする（適用されている会計原則に重要な変更がないことも確認を要する）。M＆Aを取締役会で決定した場合は、時点修正の有無を確認しないことが取締役の忠実義務違反になりうる。

3 本ケースの考え方

　財務的な重要性がないといっても、連結に取り込むと重要性が生じる隠れた債務があったり、取引先に不審な影が見えたりするなど会社に重要な影響を生じさせる事例が想定される。ポイントを絞った上で法務DDを実

施することは可能であるので、法務 DD 自体の省略は避けるべきである。上記のようなリスクは定型的に想定されるので、法務 DD の省略が取締役の判断であるとすれば、忠実義務違反が問われる可能性もある。

> **MEMO**
>
> ### デューディリジェンス実施の前に行う重要な前提の確認
>
> 　費用と時間をかけて DD を本格的に進める前に、事前協議で、認識の相違がないかどうか、M＆Aを阻害する重要な問題が当初から存在していないかどうか（根本的問題）を確認する。
>
> 　「主要株主全員の事前了解があると思っていたが一部の経営者株主の独断で進めていた」「税金の滞納処分を受けていた」「重要な資産であるソフトウェアの設計図書がなかった（改良されていたのに、その記録がなかった）」「事前提出の事業計画書の記載に重要な誤導があった（未完成の販売用ソフトウェアを資産として販売予測）」など問題事例は少なくない。

2 最終契約書

> **ケース4**
> 前提条件、誓約事項、表明保証の関係
>
> 企業買収を検討しているが、株式譲渡契約書案の前提条件、誓約事項、表明保証の関係がよくわからない。どういう関係に立つのか。

POINT
- 株式売買契約等の最終契約書には、リスクを網羅する。
- 前提条件、誓約事項、表明保証、クロージング(契約の実行)、クロージング後の体制、競業禁止、補償、解除等は、最終契約書における主要な契約条項である。

1 最終契約書の条項作成の際の一般的注意

契約で定めなかったことによる不利益は、自己責任が原則である。したがって、最終契約書では、リスクを網羅しておく必要がある。M&Aの契約特有の重要な条項について解説する。なお、表明保証条項は、本章Ⅱ⇒3「表明保証条項の性質・構成」で詳説する。

① 前提条件

相手方が一定の条件を満たさない場合には、義務の履行を拒めるという効果をもつ。客観的に条件を満たしていなくとも、クロージング後は表明保証違反等の手続き(通常は損害賠償請求)による。

前提条件には、株式譲渡につき、法令上必要な承認その他の手続きがなされること、表明保証の内容・提供情報がクロージング時に真実・正確であること、同時点までに、対象会社の経営、財政状態、経営成績、信用状

況等に悪影響を及ぼす事態が発生していないことなどを定めるのが一般的である。

② 誓約事項

契約締結後クロージングまで、その間なすべきことと、してはいけないことを誓約するものである。例えば、対象会社の事業の誠実な遂行（過去の実務と首尾一貫した通常の適法な事業活動）、継続して適用される会計基準に従った帳簿類の記帳、禁止行為（多岐にわたる）、表明保証違反行為のないこと、重要な情報の開示、対象会社の機関決定事項（必要な取締役会の承認等）の遵守、停止条件（譲渡日までに譲渡に必要な承認が得られていること、重要な取引先から取引継続の承諾を得ること、保証債務の解消、役員に対する貸付金・仮払金の弁済、不要財産の処分等。なお、これらを前提条件とする場合もある）の充足、重大な変化が生じた場合の報告等多岐にわたる。

クロージング後の売主の義務（競業禁止等）と買主の義務（雇用維持義務等）を誓約事項として定めることもあるが、どのような見出しで、同種の内容を条項としてまとめるのがわかりやすいかという整理のレベルの問題である。

③ クロージング

契約の実行、すなわち企業買収を目的とする本ケースでいえば経営権等が移転する決済のことである。通常は、株式譲渡と譲渡価格の支払いを同時履行とする。ただし、補償請求の実効性確保やその後の業績を踏まえた対価調整（価格調整条項がある場合）のため、譲渡価格の一部の支払いを留保することがある。

また、クロージングにおいて一定の譲渡価格を支払った後、クロージング後の一定期間における対象会社の売上げや利益を基準として、目標が達成された場合は追加で価格支払いをする条項を設けることがあり、買収価格の基準とする評価の相異を実績に合わせて調整したり、買収後も残留する経営陣（株式の売主の場合）のインセンティブ等を目的として用いられ

たりする。このような対価の一部を留保する条項を「アーン・アウト（Earn-Out）」ということがある。

④　クロージング後の体制

　協力・支援、従前の役員の辞任、新役員の選任のための手続き、商号の使用等クロージング後の体制を考慮して、様々な取決めをする必要がある。対象会社の雇用継続義務を定めることもある。

⑤　競業禁止

　一定期間の役員等の競業禁止と引抜き禁止を定めることが多い。競業禁止は、親会社が子会社の株式を譲渡するときは親会社、会社分割のときは分割会社が負うことになる（これは、契約で定める必要がある）。

　役員及び従業員の競業禁止は、難しい問題がある。個人の職業選択、営業の自由の過度な制限であれば、公序良俗に反して無効となる。しかし、株式の譲渡人であれば、対等の立場で条件を合意し、対価を得ているのであるから、当該合意が無効となる場合は相当程度限定されるものと考えられる。

⑥　補　償

　表明保証違反及び契約違反に対する補償、賠償となる。補償条項では、表明保証違反から生じる合理的範囲の損害・損失（弁護士費用を含む）を含むことを定める。金額（上限、免責額）、請求時期の制限（クロージング後〇ヶ月以内に損害・損失の内容と金額について通知があったとき等）を設けることが多い。なお、「弁護士費用を含む」を明示しないと、当該違反と相当因果関係がないものとして損害と認められないことがある。

⑦　解　除

　解除は、クロージング終了前まで認め、終了以後は、補償・損害賠償のみ（特約があるときは、株式買戻を含む）とすることが多い。株式譲渡が実行されれば、支配権が移転するのであり、その後の解除は、支配権の所

在等法律関係が不安定かつ複雑化する。必要に応じて、株式買戻の特約を定めて対応することになる。

2 本ケースの考え方

　企業買収における株式譲渡契約書には、前提条件、誓約事項、表明保証を定めるのが一般的である。前提条件は、停止条件と記述されることもある。「条件」とは、法律行為の効力の発生・消滅を将来の不確定な事実にかからしめるため、法律行為に付加した法的な制限である。すなわち、クロージング時に、表明保証が真実かつ正確であること、誓約事項（クロージング時以前の当事者の義務にかかる事項）が果たされていること、一定の手続書類が提出されていることなどが主な条件となる。相互に条件が設定されるが、この条件が満たされない場合は、相手方は、クロージング時における自分の義務（代金支払義務等）の効力が生じていないとして、その義務の履行を拒むことができる。表明保証は、契約時においてもその真実性、正確性を表明し保証するものであるが、クロージング時までに変化が想定されるので、同時点において表明保証の内容に問題が生じたときには、買主は、義務の履行を拒めるようにしておく。

MEMO

賠償額

東京地判平 19.7.26 判タ 1268・192

　対象会社が経営する1店舗の閉鎖に伴い発生する中途解約違約金について、それが重要な財務に関する情報の秘匿とされ、同違約金相当額を予想外の損失として同額の賠償（プラス相当の弁護士費用）を認容した裁判例である。この裁判例は、株式売買代金にかかわりなく、対象会社に関し保証違反から生じた損害をそのまま買主の損害としている。

3 表明保証条項の性質・構成

> **ケース5**
> 表明保証条項の文言
>
> 表明保証違反は、軽微な違反についても賠償責任を負うのか。
> また、表明保証条項に「売主の知る限りにおいて」との文言が記されているものがあるが、なぜこのような文言を入れるのか。

POINT

- 表明保証は、契約の締結、対価等の決定に影響を及ぼす事項に重大な相違や誤りがないことを保証するものである。
- わずかな注意を払えば表明保証違反を知り得た場合は、表明保証違反にならないとされる可能性がある。
- 表明保証違反は、財務内容に関するものが多い。

1 表明保証の性質

　表明保証は、その性質には議論があるが、「保証」というように、品質保証の場合と同様の法律効果があるとするのが、当事者の合理的な意思である。したがって、保証内容に相違した場合には過失を問わず責任を負う。また、違反の効果には、必ずしも違法行為によるものではないため、表明保証違反等の場合の補償条項には「補償」の語が使用されている。

　表明保証に違反した場合の補償義務について、「重大な相違や誤り」に対象を限定する次の裁判例がある。重要な財務に関する情報（店舗閉鎖による損失の発生）の秘匿が表明保証違反とされた事例である。

（前記）東京地判平 19. 7. 26 判タ 1268・192
　裁判所は、補償条項（「事実の表明及び保証が真正又は正確でなかったことに起因して生じる相手方の損害を補償する」旨）につき「被告ら（売主）が十分かつ正確な情報開示を行ったことを保証するとともに、情報開示が不十分であったために原告（買主）に侵害が生じた場合には、損害補償を行うべきことを定めたものと解される」とし、その一方で、「考え得るすべての事項を情報開示やその正確性保証の対象とするというのは非現実的であり、……（表明保証条項は）企業買収に応じるかどうか、あるいはその対価の額をどのように定めるかといった事柄に関する決定に影響を及ぼすような事項について、重大な相違や誤りがないことを保証したもので、その保証に違反があった場合に損害補償に応じる旨を定めたものであると解するべき」とした。

　また、表明保証の性質に関し次の裁判例も参考になる。消費者金融会社を対象会社とする株式譲渡の事例であるが、対象会社は、赤字決算回避のため、和解債権元本について本来必要な貸倒引当金の計上を行わず、当該処理は対象会社の決算書に注記されなかった。

（前記）東京地判平 18. 1. 17 「アルコ事件」
　裁判所は、売主の表明保証条項（(i) 対象会社の財務諸表が完全かつ正確であり、一般に承認された会計原則に従って作成されたこと、(ii) 基準日時点における対象会社の各貸出債権の融資残高は、その日の貸出債権に関する記録に正確に反映されていること等）に違反するとし、不正水増分の損害賠償を認容した。また、その判示中、「原告（買主）が、本件株式譲渡契約締結時において、わずかの注意を払いさえすれば、本件和解債権処理を発見し、被告ら（売主）が本件表明保証を行った事項に関して違反していることを知り得たにもかかわらず、漫然これに気付かないままに本件株式譲渡契約を締結した場合、すなわち、原告が被告らが本件表明保証を行った事項に関して違反していることについて善意であることが原告の

> 重大な過失に基づくと認められる場合には、公平の見地に照らし、悪意の場合と同視し、被告らは本件表明保証責任を免れると解する余地があるというべきである。」とする。
>
> 　しかし、裁判所は続けて、「企業買収におけるデューディリジェンスは、買主の権利であって義務ではなく、主としてその買収交渉における価格決定のために、限られた期間で売主の提供する資料に基づき、資産の実在性とその評価、負債の網羅性（簿外負債の発見）という限られた範囲で行われるものである。」として、調査について性質上の限界に配慮し、本件においては、重大な過失を否定している。

2 表明保証条項の構成

　一般的に見られる表明保証条項は、次の構成から成る。

① 　表明保証の主体

　売主と並んで株式売買の対象会社にも表明保証をさせる例もあるが、株式全部譲渡の場合は、同譲渡契約の履行完了後に完全子会社に対し契約違反を申し立てても意味がないので入れる必要はない。買主側の表明保証は、対価の支払いが主であるので、対象事項がわずかである。

② 　表明保証の時点

　本契約締結日及び本件譲渡日

③ 　何を表明保証するのか（売主による表明保証）

　対象事項につき真実かつ正確であることであるが、対象事項は次に挙げる例のように広範に及ぶ。売主に関する事項と対象会社に関する事項がある。売主に関する事項は、後記④買主による表明保証事項と共通である。
- ●対象会社の株式等に関する基本事項

　　株式の種類・数、保有者、名義、負担、潜在株等。
- ●対象会社の存立、本契約の有効性に関する基本事項

法令に基づき設立・存続する会社であること、定款の目的外の事業を行っていないこと、事業に必要な許認可を得ており、届出を行っていること等。

● 財務に関する基本事項

ここが一番問題になるところであり、詳細に記載される。会計帳簿作成の基準、簿外債務、税務、債務不履行、倒産事由、信用に影響する事由等に関する事項等。

● 労務に関する基本事項

近年、長時間労働が社会問題化している影響もあり、時間外労働に関する協定その他必要な届出とその内容に適合した労務実態の確認が必要となる。また、未払残業代、見込退職金、年金など、隠れ債務になる重大な項目がある。

● 資産の保全に関する基本事項

重要な事業資産につき、使用権原（所有、リース、親会社からの無償提供等）を確認する。また、対象会社の工場等の重要な資産に消防法、建築基準法等の法令違反がないよう、「事業活動に必要な資産はすべて良好に整備され、かつ良好な稼働状況にあること」を確認する。重要な契約については、継続性について確認する。

● 知的財産権に関する基本事項

特許権、商標権等登録されている知的財産権及び使用している知的財産権の使用権原（ライセンス等）を確認する。

● 内部関係の適正に関する基本事項

関係者間の利益相反取引、競業取引又は不適切な取引を確認する。

● 情報の完全性・正確性に関する基本事項

買主に提供する情報が、重要な点において真実かつ正確であることを確認する。

● 反社会的勢力でないこと

反社会的勢力でないことを確認する。

④　買主による表明保証

買主は代金を支払えばよいので、表明保証事項は概ね次の3点である。
- ●買主の法的実在性
- ●買主の本契約締結能力
- ●反社会的勢力でないこと

　各都道府県の暴力団排除条例では、事業者の契約時の措置として、相手方が暴力団関係者でないことを確認するよう努めること、また、契約を書面で締結する場合は、相手方が暴力団関係者であることが判明した場合の無催告解除条項を定めることを求めている。このため、株式譲渡契約書のみならず、多くの契約書に各当事者につき反社会的勢力でないことの表明保証と上記解除条項の定めが置かれている。

3 本ケースの考え方

　表明保証の趣旨は、対象会社にディール（取引）の前提とする価値が存在する（毀損要因が存在しない）ことの保証である。しかし、対象会社の完全な正確性の保証が困難であることは容易に想定できる。前記裁判例（東京地判平19.7.26）も「考え得るすべての事項を情報開示やその正確性保証の対象とするというのは非現実的」としており、表明保証違反は、明記していなくとも重要な違反について責任を負うと考えるべきであろう。ただし、重要性の基準は一義的に決まるものではなく、補償条項で「●円以上の損害を補償する」と免責額を規定すると基準が明確になる。

　表明保証条項に「売主の知る限りにおいて」との文言が記されているものがある。「売主の知る限りにおいて対象会社に訴訟が提起されていないことを表明保証する」などである。このような文言を入れるのは、客観的に知り得ないこともあり、また、対象会社を相当の注意をもって経営していても避けられないこともあって、このような場合にまで保証はできないという事情による。財務諸表の正確性などは売主が通常知りうべきであり、また、株式の売買契約をするか、売買価格をどうするかという基本となる事項には、「知る限りにおいて」の限定は付さないのが一般的である。

Ⅲ 損害賠償条項

1 損害賠償責任の基本的な考え方

ケース6
損害賠償責任の条項

相手方から届いた契約書案に次の賠償責任条項がある。民法の原則とどのように異なるのか。

第○条（賠償責任）
　甲及び乙は、本契約に違反し、相手方に損害を生じさせた場合、相手方に対しその損害を賠償する。

POINT

- 債務不履行（契約違反）の場合の損害賠償は、民法上「通常損害」の範囲に限られる。
- 「通常損害」とは、違反行為と相当因果関係のある損害をいう。
- 「特別の事情によって生じた損害」については、当事者が不履行の時に予見すべきであった場合に、被害者は、その賠償を相当因果関係の範囲内で相手方に対し請求することができる。

1 債務不履行に基づく損害賠償請求

　新民法415条は、債務不履行（履行遅滞、不完全履行、履行不能）の場合の損害賠償義務を定める。履行遅滞は履行期を徒過したこと、不完全履行は履行の外観はあるが本旨に従った弁済がされていないこと、履行不能は履行が社会通念又は物理的にできないことである。新民法415条1項本文の「債務の本旨に従った履行をしないとき」は履行遅滞と不完全履行の場合をいい、「債務の履行が不能であるとき」は履行不能の場合をいう。いずれの債務不履行も「契約その他の債務の発生原因及び取引上の社会通念に照らして債務者の責めに帰することができない事由」によるときは、債務者は免責される（同415但）。この「債務者の責めに帰することができない事由」（帰責事由がないこと）は、債務者のみならず、信義則上債務者と同視される者（履行補助者）にも故意・過失がないことが要求される。なお、帰責事由の有無は、契約の趣旨、取引の内容、業界の慣習など「債務の発生原因」と「取引上の社会通念」に関する事情を総合的に勘案して判断されることになる。

2 「通常生ずべき損害」と「特別の事情によって生じた損害」

　新民法416条の定めを見よう。

> （損害賠償の範囲）
> 第416条　債務の不履行に対する損害賠償の請求は、これによって<u>通常生ずべき損害</u>の賠償をさせることをその目的とする。
> 2　<u>特別の事情によって生じた損害</u>であっても、当事者がその事情を予見すべきであったときは、債権者は、その賠償を請求することができる。

(1)「通常生ずべき損害」＝相当因果関係のある損害

　第1項の「通常生ずべき」とは、その種の債務不履行があれば通常発生するという趣旨であり、「相当因果関係の範囲内の（損害）」と同義である。行為と結果の間に因果関係がなければ、当該行為の責任が問われる理由は

ないが、単に条件的な因果関係があるだけでは足らず、相当因果関係が必要とされる。法律は社会的な規範であり、「相当」というのも一義的に明確なわけではなく、社会通念上相当ということであり、なかなか観念しにくい。

　この点に関する裁判例がある。海外ブランド品の偽造品を真正品として販売した通販会社が、消費者に弁済、交付した（a）真正品の代金相当額（偽造品の販売価格を上回る）、及び（b）商品券相当額につき、輸入業者に対し損害賠償請求をした事案である（東京地判平 15. 9. 19 判時 1860・80）。

　裁判所は、（a）の損害については、「真正品を引き渡す義務を負う販売者の行為としては<u>社会通念上相当</u>であり、<u>通常損害と解すべき</u>」とし、（b）の損害については、「<u>取引通念からしても過剰な賠償の給付</u>といわざるを得ないから、偽造品である本件商品の交付との間に<u>相当因果関係はない</u>」とした。

　結局「通常」と「過剰」の区別の基準は「社会通念・取引通念」であり、個別の事案については、最終的には裁判所の判断を仰がざるを得ない。

(2)「特別の事情によって生じた損害」

　第2項は、特別の事情から生じた当該事情と相当因果関係のある損害について、その特別事情を、債務不履行時に予見すべきであった場合には、賠償責任を負うということである。

　この「特別の事情」は、相当因果関係の範囲の問題と区別が判然としない場合がある。例えば、部品の売買契約をしたが、売主が履行期に遅れたため、買主は売買契約を解除し、第三者から同等品を購入したとする。そして、第三者の部品に欠陥があり買主が損害を被った場合、買主が売主に対し、第三者の部品によって被った損害を賠償請求することができるかという問題である。

　上記の例で買主が当該第三者から同等品を購入するというのは、売主と買主の関係においては、特別の事情と考えられるが、売主の履行遅滞を原因として、どこまでの範囲の損害を賠償させるのが社会通念上適切かとい

う観点から、相当因果関係の問題ととらえることも可能である。

不法行為の事例であるが、交通事故の被害者が入院中の病院から転落事故を起こして死亡したことにつき、特別の事情であって予見不能とした裁判例がある（大阪地判平22.2.3交通事故民事裁判例集43・1・88）。この裁判例は、特別事情によって生じた損害として予見可能な場合には、「相当因果関係」を認めることができる旨判示し、「特別事情」と「相当因果関係」の問題をリンクさせているようにみえる。

このように「予見可能性」の観点から検討した方が、問題の処理が明快になる場合は、「特別の事情」に依って「相当因果関係」を考察するのが適切といえようか。ただし、実務的には、いずれの考え方に依っても事案の解決に影響はないというのが実情のようである。

3 本ケースの考え方

本ケースの条項は、非常にシンプルである。このような場合は、民法の条文ないし原則を適用して考えるとするのが、当事者の合理的な意思である。最高裁は、一般論であるが、民法の原則や通例の考え方と異なる内容の場合、「その趣旨が明確になるよう表現上の工夫をするのが通常」である旨（最判平9.2.25判時1599・66）述べている。

本ケースの条項は、民法の条文ないし原則と異なり、「責めに帰すべき事由」の要件に触れていないが、この要件が不要という意思であれば、賠償責任を無過失責任とする重要な変更であり、その趣旨が明確になるような表現上の工夫がされるべきで、また、その趣旨について議論を行っているはずである。そうでなければ、やはり民法の原則に沿った条項と考えるのが合理的である。

修正後の条項例

第○条（賠償責任）
　甲及び乙は、責めに帰すべき事由により本契約に違反し、相手方に損害を生じさせた場合、相手方に対しその損害を賠償する。

「責めに帰すべき事由により」を入れてみたが、入れなくても民法の原則に従うのは明らかな例なので、なくても差し支えない。

MEMO

弁護士費用

　訴訟で弁護士費用を請求できるかは、「弁護士に委任しなければ十分な訴訟活動をすることが困難な類型に属する請求権」か否かが基準となる。不法行為に基づく損害賠償請求権がこれに該当するが、不法行為の性質を有するものは、契約違反でも同様に考えられる（債務不履行でも労働者の使用者に対する安全配慮義務違反に基づく損害賠償請求権など。最判平 24.2.24 判時 2144・89）。

　したがって、ビジネス上の契約違反に基づく賠償請求は、通常「類型的に弁護士に委任しなければ困難」といえない。違反者に弁護士費用を負担させるには、その旨の規定が必要となる。

〈条項例〉
「甲又は乙が本契約に違反し、相手方に損害を与えた場合には、相手方に対し、その損害（合理的な範囲内の弁護士費用、調査費用、専門家の鑑定費用、法的対応費用を含むがこれに限定されない。）につき賠償をしなければならない。」

2 責任制限条項の考え方

> **ケース7**
> **有効な責任制限条項**
>
> 相手方から届いた契約書案に次の責任制限条項がある。責任制限の対象となる範囲は明確か。民法の原則とどのように異なるのか。
>
> 第○条（責任制限）
> 　甲及び乙は、本契約に違反し、相手方に損害を生じさせた場合、相手方に対しその直接被った通常かつ現実の損害についてのみ賠償する。

POINT

- 「直接被った通常かつ現実の損害」に限定する賠償責任制限条項は、意図した効果が不明であり、責任制限の役割を果たさない。
- 責任制限条項の規定は、限度額、対象損害等を具体的に特定すべきである。

1 責任制限条項の趣旨

近時、責任を限定する契約条項を見ることが多い。責任制限条項には、次のような合理性が認められる。

① 責任限定をしないとリスクが見積もれない。
② 料金に見合わない損害賠償義務の負担は公平ではない。
③ 特殊な条件下でしか発生しないプログラムの不具合により、開発者が多額の損害を負担することになると、プログラムの開発業務が一般的に成り立たなくなるおそれがある（公益的観点）。

しかし、秘密保持契約、個人情報の保護、士業の事務の委任等責任制限がふさわしくない対象もある。

2 責任制限の規定の方法

責任を限定する規定の方法には、「賠償額の限定」「一定の損害の除外」「請求期間の制限」等様々なタイプが考えられる。

① 賠償額を限定する方法
具体的な責任限度額が明確である点で、最も使いやすい条項である。以下条項例を挙げる。
- 対価の額を限度額とする例（その１）
「乙の甲に対する損害賠償責任は、<u>本契約に基づき乙が甲から支払いを受けた報酬の額</u>を超えないものとする。」
- 対価の額を限度額とする例（その２）
「乙の甲に対する損害賠償責任は、<u>その原因となる事由の発生時から遡って１年間に乙が甲から受領した報酬の額</u>を超えないものとする。」
- 具体的上限額を設定した例
「乙の甲に対する損害賠償責任は、債務不履行責任、種類・品質に関する担保責任、その他請求原因の如何にかかわらず、<u>金○○円</u>を超えないものとする。」
なお、種類・品質に関する担保責任の性質は債務不履行責任であるが、明確化のため、あえて並記した。

通常の取引契約では、具体的上限額を明記する例はほとんどないが、運送、宿泊約款等は、寄託物等の賠償につき具体的金額を記載している。

② 逸失利益（機会損失による減益等）等一定の損害を賠償範囲から除外する方法
逸失利益の賠償責任の免除だけでも賠償責任額は相当圧縮されることが期待できる。また、逸失利益は、見積りが困難で、損害が膨らみやすい上

に客観的な基準による算定が困難であり、紛争が生じやすい。

　責任制限条項に基づき、ユーザーの逸失利益の請求を否定した裁判例があり、「いかなる場合にも、ベンダー（受託者）の責めに帰すことのできない事由から生じた損害、ベンダーの予見の有無を問わず特別の事情から生じた損害、<u>逸失利益</u>、データ・プログラムなど無体物の損害、及び第三者からの損害賠償請求に基づくユーザー（委託者）の損害については、責任を負わない」旨の責任制限条項（下線部分）を当事案に適用した（東京高判平 25.9.26 金判 1428・16「スルガ銀行・日本 IBM 事件」）。

③　請求期間を制限する方法

　条項例「……損害賠償請求は、本件プログラムの検収完了の日から6ヶ月以内に行わなければならない。」

　新民法では約定がなければ、債務不履行に基づく損害賠償請求権の時効は、権利行使ができることを知った時から5年又は権利行使ができる時から10年である（新民 166 Ⅰ、新商法では削除）。起算点は、判例によれば「契約に基づく債務について不履行があったことによる損害賠償請求権は、本来の履行請求権の拡張ないし内容の変更であって、本来の履行請求権と法的に同一性を有すると見ることができるから、債務者の責めに帰すべき債務の履行不能によって生ずる損害賠償請求権の消滅時効は、<u>本来の債務の履行を請求し得る時からその進行を開始</u>するものと解するのが相当」（最判平 10.4.24 判時 1661・66）とされる。

3 本ケースの考え方

　本ケースの「直接被った通常かつ現実の損害」という文言の責任限定条項は、近年よく見られる条項例だが、これらの用語が、どれだけ共通理解を得られているか、すなわち社会通念上どのような合意の内容を形成することになるのであろうか。「通常」「現実」「直接」の順番で見ていく。

①「通常損害」

　新民法 416 条 1 項の「通常」（＝相当因果関係のある）と同じ。「特別損

害」は「特別の事情により（相当因果関係の範囲で）生じた損害」（新民416Ⅱ）を指すのが裁判例における一般的な用法である。

② 「現実の損害」

「損害賠償制度は被害者に生じた<u>現実の損害</u>を塡補することによって損害の公平な負担を図ることを目的とするものであるところ……」（裁判例）というように、民法の損害賠償制度の性質を意味しているだけのことと考えられる（日本の損害賠償制度は、あくまでも現実に生じた損害を金銭的に補塡するのが制度趣旨である）。

③ 「直接の損害」

「事故と直接の損害」というように「相当因果関係にある損害」のことを指すのが一般的である。

不法行為の場合、「間接損害」「間接被害」「二次的損害」の用語が使用されることがあるので、上記③「直接の損害」との対比で考え方の参考になる。例えば、次のような事例がある。

ⅰ）代表者の事故につき、経済的一体をなす関係にある法人が法人の逸失利益を請求（認容裁判例多数）、ⅱ）船舶航行中の送電線切断事故につき、運休が生じた電鉄会社（間接被害者）から運航会社に損害賠償を請求（予見可能性を否定、東京地判平22.9.29）、ⅲ）原発事故により操業を停止した取引先から仕入れができず売上を喪失したとし、間接被害者が損害賠償を請求（一部認容、大阪地判平27.9.16）など、いずれも直接の被害者ではない、加害者からすれば第三者である間接被害者から加害者に対しその被害（間接損害）を請求した裁判例である。

＊なお、これらの事案は不法行為であるが、裁判所は、新民法416条を不法行為に類推適用し「特別事情」「予見可能性」「相当因果関係」等により間接被害の賠償責任を判断している。

また、「役員等がその職務を行うについて悪意又は重大な過失があったときは、当該役員等は、これによって第三者に生じた損害を賠償する責任

Ⅲ　損害賠償条項　141

を負う。」（会429Ⅰ）における「損害」について、「直接損害」（「直接第三者が損害を被った場合」）と「間接損害」（「（会社が損害を被り）ひいて第三者に損害を生じた場合」）に分けて論じられることがある。ただし、判例（最判昭41.4.15民集20・4・660）は、「直接損害」「間接損害」にかかわらず、取締役の任務懈怠の行為と第三者の損害の間に相当の因果関係がある限り当該役員は直接第三者に損害賠償義務を負うとし、「直接」「間接」どちらに当たるかの問題ではなく、相当因果関係の問題ととらえている。

このように「間接損害」は、一般的に、直接の当事者に立たない第三者からなされる場合を意味する。契約当事者をX、Yとし、Xの契約違反によってYの取引先である第三者Zに損害が生じた場合、Zの損害は、Xとの関係では間接損害であるが、YがZに賠償したときは、その賠償金は、あくまでもYに生じた直接損害となる。ZはXに対しXY間の契約に基づく請求はできないのであって、XYの合意である契約条項においては、「間接損害」の責任制限が何を意味するのかが不明である。

以上のとおり、「直接被った通常かつ現実の損害」とは、民法の原則を述べているだけともいえる。判例は、民法の原則や通例の考え方と異なる内容の場合「<u>その趣旨が明確になるよう表現上の工夫をするのが通常</u>」（前記最判平9.2.25）と述べている。特定の損害項目を除外したいときは、次のような明確化の必要がある。

修正後の条項例

甲及び乙は、予見の有無を問わず特別の事情による損害、逸失利益、データ・プログラムなど無体物の損害及び<u>第三者からの損害賠償請求に基づく相手方の損害</u>について、責任を負わない。

→3 「過失」「重過失」の考え方

ケース8
故意・重過失の場合の責任制限の適用除外

当社(甲)が先方に提示した契約条項に次の責任制限条項がある。

第○条(責任制限)
　甲は、乙が本件製品の使用によって被った損害について、一切の賠償責任を負わない。

ところが、先方(乙)から、次の但書を追加してほしいとの要望があった。これに応じた場合、当社にリスクはあるか。

ただし、当該損害が甲の故意又は重大な過失によって生じた場合は、この限りでない。

POINT

- 賠償責任制限条項があっても、故意又は重過失がある場合には、責任制限の効力は生じない。
- 「過失」は注意義務違反のことであり、「重過失」は著しい注意義務違反のことである。
- 「過失」の前提として、「結果予見可能性」と「結果回避可能性」が必要である。

1 「過失」「重過失」とは何か

　契約条項を検討するには、使用されている用語の法的意義を理解しておく必要がある。そこでまず、「過失」と「重過失」の法的意義を解説する。

(1) 法的性質
　「過失」「重過失」は、「故意」と異なり事実ではなく、法的評価としての規範的要件である。「過失」という評価を成立させるためには、その評価の根拠となる具体的事実（これを「評価根拠事実」という）をピックアップする必要がある。なお、評価の成立を妨げる作用をする事実を「評価障害事実」という。

(2) 「過失」とは
　「過失」は「注意義務違反」であるが、そもそも注意義務の存在しないところでは、過失を検討する余地がないことは当然のことである（本ケースの後記MEMO参照）。注意義務が存在している関係において、その義務違反があったかどうかという評価において、過失を検討しなければならない。
　過失は、主観的にとらえる考え方と客観的にとらえる考え方がある。主観的にとらえれば、「相当の注意をすれば、違法有害な結果を予見できたのに、これを見過ごしたような注意欠如の心理状態」のようになる。客観的なとらえ方は、次の裁判例がわかりやすい。
　「今日において過失は主観的要件である故意とは異なり、主観的な心理状態ではなく、客観的な注意義務違反と捉えることが裁判実務上一般的になっている。そして、注意義務違反は、結果の予見可能性及び回避可能性が前提になる……」（東京高判平25.7.24判時2198・27「ジェイコム株式誤発注事件控訴審判決」）

(3) 「重過失」とは
　最高裁は「通常人に要求される程度の相当の注意をしないでも、わずか

な注意さえあれば、たやすく違法有害な結果を予見することができた場合であるのに、漫然これを見すごしたような、ほとんど故意に近い著しい注意欠如の状態」をいうとする（最判昭 32.7.9 民集 11・7・1203）。

　過失を客観的にとらえる上記東京高判が重過失を定義すると次のようになる。

　「重過失に当たる『著しい注意欠如の状態』とは著しい注意義務違反、すなわち注意義務違反の程度が顕著である場合と解することも可能である。これは、行為者の負う注意義務の程度と実際に払われた注意との差を問題にするものである。……注意義務違反は、結果の予見可能性及び回避可能性が前提になるところ、著しい注意義務違反（重過失）というためには、結果の予見が可能であり、かつ、容易であること、結果の回避が可能であり、かつ、容易であることが要件となるものと解される。」

　上記東京高判のように考えると非常に明快なので、実務的には、この考え方に従ってリスク検討を行えばよい。なお、上記のとおり、「重過失」に倫理性はないので、法的検討の際には「悪質」といった倫理性を帯びる用語を使用しないようすることが必要である。

2 責任制限条項と故意・重過失

　消費者契約においては、消費者契約法 8 条 1 項 2 号により、事業者側に故意・重過失がある場合には、責任の一部制限条項は無効とされる。しかし、事業者同士の契約においても、故意又は重過失による場合、免責・責任制限条項は公序良俗違反により無効となるか、又は当該契約条項の解釈として適用除外となる。

　これに関して最高裁判例がある。本件の宿泊客は業務上の旅行なので、事業者間の契約に関する判示である。

　宿泊客の物品の滅失・毀損に対する損害賠償義務の範囲を制限する宿泊約款の定めにつき、「（故意・重過失の場合でも）損害賠償義務の範囲が制限されるとすることは、著しく衡平を害するものであって、当事者の通常の意思に合致しないというべきであり、本件特則は、ホテル側に故意又は重大な過失がある場合は適用されないと解するのが相当」とする（最判平

15. 2. 28 判時 1829・151）。この判例は、「当事者の通常の意思に合致しない」としており、条項の解釈上、故意・重過失の場合を排除している。

3 本ケースの考え方

上記最高裁の事例のとおり、たとえ責任制限条項があっても、故意又は重過失がある場合には責任は制限されないことになる。したがって、本ケースにおいて、先方（乙）の対案どおりその旨を明記しても法律上の効果に変化はないので、当社のリスクに法的加重は生じない。

MEMO

東京証券取引所（東証）の投資家に対する注意義務を認定した裁判例

東京高判平 25. 7. 24 判時 2198・27「ジェイコム株式誤発注事件控訴審判決」

本章➡3 **1** (2) (P.144) に引用した東京高裁の事例であるが、同裁判例は、東証が公益及び投資者保護を図るために、売買停止措置を講じる権限を有しており、また、その権限を行使する義務を負っているものとした（「注意義務」を認定）。その上で、東証が重大な過失によって、異常を認識し売買停止措置を取れたにもかかわらず同措置を取らなかったものとして、不法行為を原因とする損害賠償義務を認めた。

→4 不可抗力条項

> **ケース9**
> 不可抗力条項の見直し
>
> 当社はメーカーであるが、供給先との間の取引基本契約書のひな形に次の条項がある。昨今の社会情勢を踏まえて見直す必要はあるか。
>
> 第○条（不可抗力）
> 　天災地変、戦争状態・内乱、法令改正、行政指導その他の当事者の責めに帰することのできない事由により、本契約又は個別契約の履行ができないときは、当該当事者は、債務不履行の責めを負わない。ただし、当該当事者は、相手方に対し、速やかに上記事由を通知し、対応について誠実に協議を行う。

POINT

- 「不可抗力」とは、債務不履行責任を免れる事由であり、不履行当事者側に証明責任がある。
- 「不可抗力」の事由は必ずしも明確ではないため、不可抗力条項を設ける際は例示にどのようなパターンを挙げておくかよく検討する。
- 新民法は、債務不履行が契約その他の債務の発生原因及び取引上の社会通念に照らして債務者の責めに帰することができない事由によるときは、損害賠償義務を負わないとする。
- 金銭債務の不履行の賠償は、法定又は約定の利率によって定まり、また、「不可抗力」によって免責されない。

1 不可抗力とは

「不可抗力」とは、債務者の責任が問われないという意味で、「責めに帰することができない事由（＝帰責事由の不存在）」（新民415Ⅰ但）と重なる概念である。新法は、「契約その他の債務の発生原因及び取引上の社会通念に照らして」帰責事由がないときは、債務者の賠償責任を否定している。

従来の判決には、帰責事由の否定に際し「やむを得ない」「通常期待されるべき注意義務を果たしていた」などと表現することがあった。これらは、新法では「債務の発生原因及び取引上の社会通念に照らして」の観点からとらえることができよう。

帰責事由は、基本的には故意・過失のことであるので（履行補助者の故意・過失を含むという点で広い概念である）、「予見可能性」及び「結果回避可能性」があれば、帰責事由は認められる。なお、帰責事由は契約当事者間の債務不履行における概念であり、不法行為法上の概念ではない。

債務不履行の場合、履行が当然の原則なので、例外的に、不履行により損害賠償請求権が生じないためには、不履行の当事者が「帰責事由の不存在」、すなわち不可抗力によるものであることを証明しなければならない。

なお、金銭債務の不履行は、債務者は無過失責任を負い、不可抗力の抗弁を主張できない（民419Ⅲ）。

2 本ケースの考え方

新法では、帰責事由の存否が、「契約……及び取引上の社会通念に照らして」判断されることになるので、契約の趣旨・目的の記載が考慮されることになり、また、契約書の不可抗力条項の記載も一層重要になる。

不可抗力条項は、取引基本契約書で通常規定されるものである。しかし、規定の内容は案外バリエーションがある。ここで重要なのは、何が不可抗力になるのか、相互に認識を一致させて、必要なリスクマネジメントを行うことである。例えば、輸送機関のストライキ、原材料仕入先の債務不履行、原材料の供給不足、生産設備の火災・爆発等の事故といったものは、

どのように考えるべきであろうか。

「予見可能性」と「結果回避可能性」の基準で考えてみると次のようになる（時点は不履行時とされる）。

「輸送機関のストライキ」であれば、輸送中に通常予見できなかったストライキ（事故でもよい）が生じた場合は帰責事由を欠く。一方で発送前であれば、不履行という結果の予見は可能だが、結果回避可能性があるかどうかは事案に応じて微妙である。代替手段を利用して事態を回避することが通常期待できる場合であれば、結果回避可能性が認められて不可抗力は否定されるが、そうでない場合は、肯定される場合もあろう。

しかし、不可抗力条項に「輸送機関のストライキ（時間、費用等に鑑み商取引上合理的に代替輸送手段を利用できる場合は除く）」と規定しておけば、事態が生じたときの対応が明確になる。また、震災等で、電力供給不足による生産制限や原材料製造工場の被災による調達不能等のように、供給者の不履行に至りかねない事由が明らかとなったが、例示については、このような現実に合わせて検討、記載しておくことが必要である。

なお、不可抗力の事態が生じたときの対応方法は、本ケースの条項例では、速やかな通知と誠実協議であるが、事態が一定期間継続した場合の解除権などを規定して、事後の扱いを明文化する例もある。合意がなくても、債権者（供給を求める当事者）であれば、新民法542条1項1号により「債務の全部の履行が不能」として、契約の解除が認められる。

修正後の条項例

第○条（不可抗力）

　天災地変、生産設備の火災・爆発、偶発事故、合理的な輸送手段の利用不能、電力等のエネルギーの供給不足、主要な原材料等の調達先の供給停止、法令・行政指導その他当事者の責めに帰することのできない事由（以下「不可抗力」という。）により、本契約又は個別契約の履行ができないときは、当該当事者は、債務不履行の責めを負わな

い（金銭債務の履行を除く。）。ただし、当該当事者は、相手方に対し、速やかに上記事由を通知し、対応について誠実に協議を行う。

　解除権を規定する場合は、上記条項例に続けて、次のような一文を追加する。

　また、不可抗力の事由が３ヶ月間継続しこの間履行ができないときは、甲及び乙は、相手方に書面の通知をして、対象となる個別契約を任意に解除することができる。

MEMO

金銭債務の損害金

　民法は、金銭債務に関する債務不履行の損害金を約定利率によって、また、約定がなければ法定利率によって定める。新民法では、民事商事一律に年３％（改正法施行時における法定利率）、また、３年ごとに法務省令で変更することにした（新民404）。また、その損害賠償の額は、債務者が遅滞の責任を負った最初の時点における法定利率によって定めるものとしている。

　なお、利息制限法の適用は消費貸借のみであり、代金支払の遅延には適用されない。しばしば見かける「年14.6％」の遅延損害金の約定の根拠は、日歩４銭で計算しやすいところからほぼ慣習的な定めのようであるが、下請法の遅延利息や消費者契約法の消費者が支払う金銭債務の遅延損害金の上限などと歩調をそろえ、過大とならないように設定しているといえよう。

5 損害賠償額の予定

> **ケース10**
> 手付損倍返し条項と違約金の合意
>
> 不動産売買契約書の条項に次の違約金条項がある。いわゆる「手付損倍返し」であるが、実際の損害が手付金相当額より低い場合と高い場合は、それぞれどうなるのか。
>
> 第○条（違約金）
> 1．買主の契約違反を理由として売主が本契約を解除したときは、売主は、手付金を違約金として没収することができる。
> 2．売主の契約違反を理由として買主が本契約を解除したときは、売主は、買主に手付金を返還するほか、違約金として手付金と同額を買主に支払わなければならない。
> ＊第1章Ⅰ⇒2「リスクの見積り」参照

POINT

- 違約の際の賠償額をあらかじめ合意することができる。
- 予定した賠償額は、実損害額を証明することなく、請求ができる。
- 実損害額が予定損害額より大きい場合に差額を請求できるようにするためには、その旨約定しておく必要がある。

1 手 付

　買主が売主に手付を交付したときは、買主はその手付を放棄し、売主はその倍額を現実に提供して、契約の解除をすることができる（新民557本文）。これを、手付損倍返し（による解除）ということがある。この場合、

解除に加えて、損害賠償請求はできない（新民557Ⅱ）。しかし、相手方が契約の履行に着手した後は、もはや手付損倍返しは認められない（同557但）。手付の授受は、相互に無理由の解除権の留保であるが、解除できる期限が定められている。

本ケースの条項は、期限のある無理由解除ではなく、契約違反を原因とする契約解除の場合の賠償額（違約金）の定めであり、実際に生じた損害の賠償と、同条項に規定された違約金としての手付損倍返しがどのような関係に立つのかが問題となる。

2 賠償額の予定

民法の仕組みであるが、当事者が債務不履行について損害賠償額の予定を合意した場合、旧法では、裁判所はその額の増減ができないとされていた（旧民420Ⅰ）。裁判所が増減できないというのは、賠償額の予定について私的自治を認める趣旨であり、裁判所が公序良俗等による制約のもとに不公正な合意を修正することまで禁止する趣旨ではない。そこで、新民法は、「裁判所は増減できない」という部分を削除したが、条文の考え方は従前どおりである。

賠償額の予定は、実際の損害を証明する必要もなく、また、違反の場合のペナルティが明確なので予測可能性も担保でき、合理的な仕組みである。

3 本ケースの考え方

本ケースの条項は、不動産売買契約書で見かける賠償額の予定であるが、まず、実際の損害が手付金相当額より低い場合はどうなるか。

先に述べたように、手付金相当額が公序良俗違反となるような過大な金額でなければ、私的自治の範囲内なので、実損額にかかわらず、合意した違約金額の効力が認められる。

では、実際の損害が手付金相当額を超える場合はどうなるか。

これも、上記の場合と同じ、実損額にかかわらず、合意した違約金額の効力が認められる。

そして、予定の賠償額を超える実損額がある場合、その請求ができるよ

うにするには、その旨の条項が必要であり、このような規定は有効とされている。

修正後の条項例

実損額が予定の賠償額を超過する際に、その超過分の請求を可能にしておきたい場合には、次のような条項を設ける。

第○項により本契約を解除した売主又は買主は、実際に生じた損害額が違約金の額を超える場合、相手方に対し、さらにその差額の損害賠償を請求することができる。

MEMO

「一切の請求」の意義

損害賠償に関する条項に、「一切の請求ができる・できない」のように「一切の」という文言が付されている例を目にする。この文言を加えることにより何らかの法的効果が生じるものであろうか。

まずは、文言解釈になるが、削除しても意味は変化しないと認められる場合が多いので、その場合は語調で入れていることになろう。

ただし、「一切の金員の請求ができない」旨の約定に反して請求をしたことが契約違反とされ弁護士費用の一部が認められた裁判例がある（東京地判平 24.7.19 判時 2166・69）。

本件は、不動産売買契約において、「更地になった」ことの売主の通知を契約の停止条件とし、一定の期日までにその条件が成就しないときは、「契約は自動的に消滅し、売主は買主に仲介料、企画料その他一切の金員を請求できない」旨の特約がある場合に、売主が買主に契約不履行に基づく損害賠償請求訴訟を提起したことは、特約違反として、債務不履行を構成するとしたものである。

Ⅳ　知的財産権処理

→ 1　知的財産に関する処理条項

> **ケース 11**
> 知的財産権の対価の条項
>
> 　当社はベンダー（システム開発業務の受託者）である。今般、ユーザー（委託者）から提示された業務委託契約案の業務委託料の条項に次の内容があるが、どのような意味なのか。なお、ここの「第○条」というのは、開発したシステムの成果物に含まれる著作権等の権利が委託者に移転する内容の条項である。
>
> 　業務委託料には、第○条に基づく権利移転の対価を含むものとする。

POINT

- 知的財産、知的財産権の用語は、知的財産基本法の定義によるのが原則である。
- 契約における知的財産権の処理には、契約類型に応じて一定のパターンがある。
- 仕事の完成や業務に対する報酬には、知的財産権に対する対価を含まないのが基本である。

1 知的財産・知的財産権とは

「知的財産」と「知的財産権」の用語については、知的財産基本法２条に定義がある。契約書でこれらの用語を使用する場合には、法令の用法に従うことが基本である。もちろん、法令での定義は、当該法令に限るのが原則であるが（一概にはいえない。通常の用法として他の法令で使用されることも多い）、別段の合意がなければ、文言解釈として法令の用法に従うというのが、当事者の合理的な意思であろう。なお、法律によって（ないし通常の用法と）定義が異なりうる用語については、「（○○法の定義に従う。）」のように括弧書きをしておけば、明確になる。

上記条文におけるこれらの用語の定義は次のとおり網羅的である。
① 　知的財産：「この法律で『知的財産』とは、発明、考案、植物の新品種、意匠、著作物その他の人間の創造的活動により生み出されるもの（発見又は解明がされた自然の法則又は現象であって、産業上の利用可能性があるものを含む。）、商標、商号その他事業活動に用いられる商品又は役務を表示するもの及び営業秘密その他の事業活動に有用な技術上又は営業上の情報をいう。」（１項）
② 　知的財産権：「この法律で『知的財産権』とは、特許権、実用新案権、育成者権、意匠権、著作権、商標権その他の知的財産に関して法令により定められた権利又は法律上保護される利益に係る権利をいう。」（２項）

なお、「産業財産権」という用語があるが、特許庁のHPでは、「知的財産権のうち、特許権、実用新案権、意匠権及び商標権の４つを『産業財産権』といい、特許庁が所管しています。」としている。

2 知的財産権処理の基本形態

契約書には、知的財産に関し、契約類型に応じて、①権利を有することの保証、②利用した、又は新たに生じた権利の留保・移転、③利用等の許諾の範囲、④第三者の権利侵害に対する措置への協力などについての条項

が見受けられる。

　各条項の詳細は、別に述べるので、ここでは概略を説明する。

① 　権利を有することの保証

　このような条項が見られるのは、ライセンス契約、システム開発契約、出版契約など、知的財産が直接契約の目的となっている場合である。

　ライセンス契約の基本は、ライセンシーの利用する知的財産について、ライセンサーが権利を主張しないという不作為を定めるものである。したがって、ライセンサーは、当該知的財産の利用をライセンシーに許諾する権利を有しており、第三者からもライセンシーに対し権利主張がなされることがあってはならない。

　システム開発契約においてもコンピューター・プログラムは、著作権及び特許権の対象となるので、ベンダーは、システムに組み込まれた知的財産について、ユーザーに譲渡をするかライセンスをするかにかかわらず、当該権利の処分権ないし管理権を有している必要がある。

② 　利用した、又は新たに生じた権利の留保・移転

　システム開発契約においては、ベンダーがシステムを開発してユーザーに納品することになるが、開発されたシステムには、従前ベンダーが知的財産権を有していたプログラムと開発中に新たに知的財産権の成立したプログラム（この中でも汎用性のあるものと、ユーザーのための特別のものがある）の双方が含まれ、それぞれについて、権利がベンダーに留保されるのか（その上でライセンスをする）、又はユーザーに移転（譲渡）するのかを明確に定めておく必要がある。また、留保されるのであれば、その範囲は書面等で特定しておくべきであろう。

③ 　利用等の許諾の範囲

　知的財産の利用、使用、実施の許諾（これらの用語の違いは、知的財産権の種類に応じるが、第３章Ⅲ ➡ 1「『利用許諾』と『使用許諾』」にて詳説する）については、合意により、その範囲を自由に設定できる。した

がって、知的財産権のライセンスに関する契約については、この範囲を明確にしておく必要がある。

④ 第三者の権利侵害に対する措置への協力

ライセンス契約において、ライセンスの対象となる知的財産について、第三者がその権利侵害をしている場合、ライセンサーが適切な妨害排除措置をとるために、ライセンシーに一定の協力義務（侵害を見かけたときの通知等）を課すことがある。

⑤ その他

ほかにも共同研究、共同事業検討等、知的財産権が生じる場合には、その知的財産権の所在、利用などの明確な合意が必要となる。

3 本ケースの考え方

成果物と業務の過程で生じた知的財産権は、別個の価値を有するものと観念される。したがって、取引上優越した地位にある委託者が、一方的に、この受託者の権利を自己に譲渡（又は許諾）させるなどした場合には、優越的地位の濫用として問題を生じる可能性がある（公正取引委員会「役務の委託取引における優越的地位の濫用に関する独占禁止法上の指針」参照）。

ただし、当該権利の対価を別途支払う、又は同対価を含む業務委託料を合意したときは、優越的地位の濫用の問題とはならない（成果物にかかる権利譲渡の対価が不当に低い場合や成果物にかかる権利譲渡を事実上強制する場合などを除く）。

このため、業務委託料が知的財産権移転の対価を含むものとして合意されたことを明らかにするために、本ケースのような条項が設けられている。

> **MEMO**
>
> ### 著作権と所有権
>
> 知的財産権と成果物の所有権が異なるように、著作権と原作品の所有権が異なることにつき、顔真卿自書建中告身帖事件とよばれる判例があるので紹介する（最判昭 59.1.20 民集 38・1・1）。以下は判決文の一部である。
>
> 「美術の著作物の原作品は、それ自体有体物であるが、同時に無体物である美術の著作物を体現しているものというべきところ、所有権は有体物をその客体とする権利であるから、美術の著作物の原作品に対する所有権は、その有体物の面に対する排他的支配権能であるにとどまり、無体物である美術の著作物自体を直接排他的に支配する権能ではない。」

→2 特許権、著作権に関する処理条項

ケース12
知的財産権保持のための措置条項

当社はベンダーであるが、ユーザーから提示された業務委託契約書案の業務委託料の条項に次の内容がある。どのような措置を講じればよいのか。なお、ここの「前項の許諾」というのは、開発したシステムの成果物に含まれる著作権等の権利につき、ベンダーに留保されるものをユーザーに許諾することをいう。

ベンダーは、前項の許諾を行う権利を保持するため、従業者及び再委託先等との間において、法律上必要な措置を講じるものとする。

POINT

- ソフトウェアは、特許権と著作権の双方の権利の対象となる。
- 特許権と著作権は、大きく性質が異なる。
- 特許権と著作権の処理の方法が異なるので、システム開発契約には、別個に定めることになる。

1 特許権と著作権の相違

特許権と著作権は、もちろん根拠となる法律が違うのであるが、内容としても次のように大きく異なる。そして、ソフトウェアのように、双方の権利の対象となる知的財産がある。

(1) 特許権
　① 「発明」が対象である。「この法律で『発明』とは、自然法則を利用

した技術的思想の創作のうち高度のものをいう。」（特2Ⅰ）
② 登録によって排他的に権利が生じる。
③ 発明者は自然人であるが、法人は発明者から特許を受けることができる地位を譲り受け、又は特許を受ける権利を取得し原始的に特許権者となることができる（特35Ⅱ）。

(2) 著作権
① 「著作物」が対象である。「著作物　思想又は感情を創作的に表現したものであつて、文芸、学術、美術又は音楽の範囲に属するものをいう。」（著2Ⅰ①）。
② 登録不要（無方式、非排他的）。
③ 著作者が法人の場合がある（著15）。

2 知的財産権の帰属

　取引により生じる知的財産権については、権利移転、権利許諾等適切な権利処理が必要となる。業務委託の成果物の所有権が引渡しにより委託者に移転しても、知的財産権は当然には委託者には移転しない。成果物の「所有権」とその内容を構成する「知的財産権」は、権利として峻別される（ただし、合意で「所有」と総称しても権利を含むことが明らかであれば差し支えはない）。
　システム開発契約において、ベンダーが制作するソフトウェアについては、その知的財産権を、ユーザーに譲渡する、留保する、一部について留保するというように大きく3つのパターンに分かれる。ソフトウェアの全部又は一部がベンダーに留保される場合には、当該留保されるソフトウェアの特定とユーザーが利用する範囲を明確にしておく必要がある。以下、特許権と著作権について解説する。

(1) 特許権
　次の条項をベースに解説する。システム開発契約において、委託者(ユーザー)と開発業者（ベンダー）の間の約定である。

> 第○条（特許権の帰属）
> 1．本契約に基づく業務の遂行の過程で生じた特許権（特許を受ける権利及びノウハウを含む。以下「特許権等」と総称する。）の帰属については、次のとおりとする。
> ① ユーザーが単独で行った発明（改良、修正及び変更並びに物の発明、方法の発明及び物を生産する方法の発明を含む。以下併せて「発明等」という。）から生じた特許権等については、ユーザー単独に帰属する。
> ② ベンダーが単独で行った発明等から生じた特許権等については、ベンダー単独に帰属する。
> ③ ユーザー及びベンダーが共同で行った発明等から生じた特許権等の帰属については、ユーザーとベンダーが協議して決定する。
> ④ 上記②又は③に基づきベンダーに特許権等の全部又は一部が帰属する場合又はベンダーが従前から保有する特許権等を目的物に適用した場合には、ベンダーはユーザー及びユーザーの指定する者に対し、当該特許権等について、目的物の生産、使用、譲渡等及び輸出その他ユーザーの必要な範囲で、通常実施権及びその再許諾権を無償で許諾する。

　システム開発の業務委託の場合、発明（ないし特許を受ける権利）の譲渡という目的まで有していないのが通常である。業務委託は、作業ないし完成した仕事に対して報酬が支払われるものであって、そこから生じた知的財産権は独立した財産なので、別の取扱いが必要である。そこで、本条項は、単独発明から生じる特許権はそれぞれの発明者（厳密にいえば、発明者の所属する当事者）に帰属し、共同発明については協議で決定するという原則を定めた。ただし、一般的に、システム開発によって、特許発明がなされることは、そうあることではないので、防御的な念のための条項であろう。

　システム開発でユーザーの単独発明が生じることはなかなか想定できないが、また、ユーザーにこれが帰属するのは記載するまでもなく当然であるが、ベンダーの単独発明がベンダーに帰属するという条項との対比上、

原則形を定めておかないと落ち着かない。また、共同発明の場合（発明に実質的に寄与すれば共同発明者になるので、ベンダーとユーザーの共同発明は想定できる）は、「協議」にしているが、「各2分の1の共有とする」と明記する方法もある（特許権の共有の場合、同意のない持分譲渡・実施許諾は不可、自己実施は可である。特73）。

重要なのは、ベンダーのユーザーに対するライセンスである（「通常実施権の許諾」。特78）。成果物について特許発明を実施しているのであれば、システムとして使用することが許諾の範囲内であることは契約の趣旨からして当然であるが、当該システムを第三者に使用、貸与、譲渡等を行う場合の取扱いは、明確ではなく、事業譲渡に伴うシステム譲渡等も一般的に想定できるので、これらを明記しておくとよい。「再許諾」については、再許諾の必要性がある場合（ビジネスの仕組み上）には、その処理が必要である（子会社に使用させ、子会社がさらに関連会社に使用させるような場合）。

特許は、自然人が発明者になるので、ベンダーは、特許を受ける権利を取得する旨あらかじめその就業規則等で定めておく必要がある（特35）。また、ベンダーが再委託をする場合、ベンダーと再委託先にも同様の権利処理合意が必要となる。この点は、ベンダーが第三者の知的財産権を侵害しない旨の保証でカバーできているともいえるが、ベンダーには意識として問題を把握しておいてもらうのが望ましい。

(2) 著作権

著作権の対象となる著作物は、「思想又は感情の創作的表現」である（著2Ⅰ①）。コンピューター・プログラムを含む（著10Ⅰ⑨）。

次の条項をベースに解説する。上記と同じくシステム開発契約において、委託者（ユーザー）と開発業者（ベンダー）の間の約定である。

第○条（著作権の帰属）
1. ベンダーがユーザーに納入した目的物にコンピューター・プログラム等著作権の対象（以下「プログラム等」という。）が含まれていた場合、

その著作権の帰属については、次のとおりとする。
① 新規に作成されたプログラム等の著作権については、業務委託料を完済した時をもって、ベンダーからユーザーに譲渡（著作権法第27条及び第28条の権利の譲渡を含む。以下同じ。）されるものとする。ただし、汎用ルーチン、モジュールの権利はベンダーに留保されるものとする。
② ユーザー及びベンダーが従前から有していたプログラム等の著作権は、それぞれユーザー及びベンダーに帰属するものとする。
③ 前各号にかかわらず、ベンダーはユーザー及びユーザーの指定する者に対し、第1号に定める留保された汎用ルーチン、モジュール及び第2号に定めるベンダーが従前から有するプログラム等について、目的物の使用、譲渡及び輸出その他必要な範囲で、著作権法に基づく利用（著作権法に基づく複製権、翻案権等の著作物の利用権をいう。以下同じ。）及びその再許諾権を無償で許諾する。
2．ベンダーは、前項に基づき著作権を譲渡し、又は著作権法に基づく利用を許諾したプログラム等に関し、著作者人格権を行使しない。

　著作権は、その全部又は一部を譲渡できる（著61Ⅰ）。また、譲渡契約に著作権法27条（翻訳権、翻案権等）、又は同法28条（二次的著作物の利用に関する原著作者の権利）の権利が譲渡の目的として「特掲」（特に定める）がないときは、譲渡者に留保されたものと推定される（著61Ⅱ）。
　受託者は、成果物のプログラムにつき、汎用性のあるものは、権利を留保する場合がある。その場合のプログラムの範囲、権利の許諾の範囲等の対応方法は、具体的に記載する。本条項は当該プログラムが著作物性を有することを前提としているが、業務上のプログラムの場合、創作性の判定は厳しくなることから、著作物とならないプログラムも多く存在するものと考えられる。
　プログラムの著作物の複製物（コピー）の所有者には、著作権を有していなくとも、自ら当該著作物をコンピューターにおいて実行するために必要な限度で複製が認められている（著47の3Ⅰ）。

したがって、ベンダーに著作権が留保されるプログラムは、ユーザーができるのは「実行のための複製」のみであり自由な改変ができないので、上記条項第1項第3号の定めが必要となる。

なお、著作権法では、職務著作（著15）について、法人が著作者になるのが原則である（プログラムにつき著15Ⅱ）。

上記条項第2項は、著作者人格権に関する定めであり、著作権法は、公表権（著18）、氏名表示権（著19）、同一性保持権（著20）を、著作者の権利（著作者人格権）として規定する。この著作者人格権は著作者の一身に専属し譲渡できないが（著59）、「行使の制限」は可能と解釈されている。

プログラムの同一性保持権については、「特定の電子計算機においては実行し得ないプログラムの著作物を当該電子計算機において実行し得るようにするため、又はプログラムの著作物を電子計算機においてより効果的に実行し得るようにするために必要な改変」は同一性保持権の侵害にならないとされているが（著20Ⅱ③）、改変の範囲は狭いので、成果物に手を加えることを想定して、「著作者人格権を行使しない」ことを定める。

(3) 対抗要件

著作権の利用許諾には第三者に対する対抗要件の制度がないが、著作権の移転（一般承継によるものを除く）は、登録が対抗要件となる（著77①）。新民法は、売買の目的である権利の移転について、売主は買主に対し、対抗要件を備えさせる義務を負うものとした（新民560。他の有償契約に準用。新民559）。システム開発契約において、ベンダーにこのような対抗要件具備義務を生じさせることが過剰であれば、上記条項例中「第○条（著作権の帰属）」に第3項として、「ベンダーは、ユーザーに対し、本条における著作権及びその譲渡につき登録手続きをする義務を負わない。」旨明記しておくとよいであろう。

3 本ケースの考え方

ベンダーがユーザーに知的財産権を移転又は許諾するためには、ベンダー自身が当該知的財産権を保有又は再許諾をする権利を有していなけれ

ばならない。特許権と著作権は、上記のとおり性格が異なるので、分けて述べる。

　特許権は、移転する場合は特許を取得する権利ということになるが、許諾の場合を含めて、再委託先があれば、ベンダーはこれらの権利を当該再委託から取得ないし許諾（ベンダーがユーザーに許諾することの許諾）を受けておかなければならない。また、特許を受ける権利は、職務発明規定等により従業者等の発明についてベンダーが取得するように仕組みを作っておく必要がある（再委託先についても同じ）。

　著作権は、再委託先があれば、ベンダーがその権利を取得しておかなければならないのは特許の場合と同じであるが、職務上の著作物であれば、使用者が別段の定めをしなければ（通常は定めない）原始的に使用者に帰属する（著15Ⅱ）。

　ところで、第三者保有のソフトウェアについては、当該第三者がユーザーと直接ライセンス契約をすることになり（一般のアプリケーションであれば使用許諾契約書、オープンソースであればGPL（一般公衆利用許諾書）などによる）、システム構築の際、ベンダーはユーザーの承諾を得ておく必要がある。

修正後の条項例

　本ケースの条項に括弧書きを加えた。

　ベンダーは、前項の許諾を行う権利を保持するため、従業者及び再委託先等との間において、法律上必要な措置を講じるものとする（職務発明規定の整備、再委託先との契約における本条と同趣旨の定めを含むがこれに限られない。）。

MEMO

職務著作

　職務著作の場合は、法人等の使用者が著作者とされる（著15）。そのためには、著作物を作成した者が「法人等の業務に従事する者」であることを要するが、この要件につき判例がある（最判平15.4.11判時1822・133）。

　最高裁は、「法人等と雇用関係にある者がこれに当たることは明らかであるが、雇用関係の存否が争われた場合には、……法人等と著作物を作成した者との関係を実質的にみたときに、法人等の指揮監督下において労務を提供するという実態にあり、法人等がその者に対して支払う金銭が労務提供の対価であると評価できるかどうかを、業務態様、指揮監督の有無、対価の額及び支払方法等に関する具体的事情を総合的に考慮して、判断すべきものと解するのが相当」とした。

3 知的財産権非侵害の保証

> **ケース13**
> **知的財産権非侵害の保証条項**
>
> 当社は、ライセンサーからソフトウェアのライセンスを受けることを検討しているが、ライセンサー作成のライセンス契約書に次の権利保証条項がある。これで十分か。
>
> 第○条（権利非侵害の保証）
> 1．ライセンサーは、本ソフトウェアの本契約に従った利用が第三者の一切の知的財産権を侵害しないことを保証する。
> 2．前項に規定する利用により、第三者の特許権、実用新案権、著作権、著作者人格権、営業秘密その他の知的財産権を侵害することを理由としてライセンシー又はユーザーが訴訟上又は訴訟外の請求を第三者から受けた場合、ライセンシーはライセンサーに対し直ちにその内容を通知する。

POINT

- 許諾した権利が、第三者の知的財産権を侵害すると契約内容不適合責任の問題となる。
- 知的財産権非侵害の保証により、合意の内容として備えるべき品質・性能の明確化、対応義務の特定、期間・責任の限定等を定める。

1 保証と契約内容不適合責任

　ライセンス契約、システム開発契約などのように、知的財産権の所在、内容が要素となる契約は、ライセンシーやユーザーは、第三者から権利を

主張されると、契約の目的を達することができないだけではなく、知的財産権をめぐる不要な紛争に巻き込まれることになる。このような事態を回避するために、上記第三者の権利主張がなされないこと、及び当該主張がなされたときはその紛争を引き取ることを、ライセンサーやベンダーに保証しておいてもらう必要がある。

ライセンシー等による契約に従った利用等ができないということは、品質に関して契約の内容に適合しないということであり、ライセンサーは契約内容不適合責任を負うことになる（新民562以下。売買の規定は他の有償契約に準用（民559））。

しかし、第三者からの権利侵害の主張に対しては、法定の対応だけでは不十分である。目的物が第三者の知的財産権を侵害した場合、当該第三者から目的物の使用の差止めや損害賠償の請求を受けることになり、当該目的物の契約に従った利用が妨げられ（特許権は「業として実施」（特68）、著作権は「複製」（著21）等の利用ができない）、また、訴訟対応や賠償金の支払等により多額の損失を被るおそれがある。「保証」により、合意の内容として備えるべき品質・性能の明確化、対応義務の特定、期間・責任の限定等を定めて、想定される事態に適切に対応できるようにしておくことが有益である。

2 権利非侵害の保証

保証の対象は、目的物（権利）の当該契約に従った利用、使用、実施が第三者の権利を侵害しないことであり、保証に抵触し得る事態が生じた場合の措置は概ね次のとおりである。

① ライセンサーの義務
　・第三者の権利の侵害を認識したら、直ちにライセンシーに通知をすること。
　・侵害を回避するために目的物を改良し、第三者から権利を取得し、又は非侵害の代替品を提供すること。
　・紛争に参加し自己の費用で解決すること。

・ライセンシー側の損失（弁護士費用を含む）を補償すること。

② ライセンシーの義務
・第三者から権利侵害の主張がなされたら、直ちにライセンサーにその内容を通知すること。
・ライセンサーによる紛争解決に、必要な協力を行うこと。

以上①、②のそれぞれの義務について、次の条項をベースに解説する。システム開発契約において、委託者（ユーザー）と開発業者（ベンダー）の間の約定である。

> 第○条（知的財産権侵害の責任）
> 1．ベンダーは、目的物の本契約に従った利用が第三者の一切の知的財産権を侵害しないことを保証する。ベンダーは、第三者との間で権利侵害の問題が発生し、又は発生するおそれがあると判断した場合は、ユーザーに対し直ちにその旨を通知する。
> 2．前項の場合、ベンダーは、自己の判断及び費用負担により、（a）侵害のない他の目的物との一部若しくは全部の交換、（b）権利を侵害している部分の修正、又は（c）継続使用のための権利取得のいずれかの措置を講じることができるものとする。
> 3．ユーザーが目的物に関し第三者から知的財産権侵害の申立てを受けた場合、次の各号所定のすべての要件が充たされた場合に限り、ベンダーは、自己の責任と費用負担で当該問題を解決し、ユーザーに何等の損害も及ぼさない。
>   （1） 第三者から申立てを受けた日から7日以内に、ベンダーに対し申立ての事実及び内容を通知すること。
>   （2） 第三者との交渉、訴訟等の法的手続の遂行に関し、ベンダーに対して実質的な参加の機会及び和解を含むすべてについての決定権限を与え、また、ベンダーの要請に応じ必要な協力をすること。
> 4．本条は、目的物が第三者の知的財産権を侵害していると判断された場

> 合の一切の補償であり、ベンダーはユーザーに対し、その他の一切の損害賠償・補償の責任を負わない。

① 第1項は、ベンダーの非侵害保証と侵害ないしその可能性の通知であり、非侵害保証の基本的事項を定める。
② 第2項は、ベンダーの侵害回避措置の選択権を定める。
③ 第3項は、第三者からライセンシーに侵害の主張があったときの、ライセンサーが補償をする条件として、ライセンシーに一定の対応義務（適時の通知、当該第三者への対応につきすべての決定を支配することができること）を定める。
④ 第4項は、責任限定である。ベンダーの立場からは、権利侵害をしないことを保証するための完全な事前調査は困難であり、責任限定を求めたいが、ユーザー側からすれば、権利侵害の苦情が生じないシステム開発を求めたいところである。ただし、滅多に生じる事態ではないので、リスクマネジメントの観点から適宜対応することになる。なお、ベンダー側からは「第三者の有する知的財産権を合理的範囲内で調査した限りにおいて、（非侵害を）保証する」等の条項も考えられる。

3 本ケースの考え方

本ケースの条項はオーソドックスな定めではあるが、不足はないか。具体的に該当事実が生じた場合を想定して、問題点を検証する。

① 本ソフトウェアの本契約に従った利用によること
ライセンサーがライセンシーの契約に従わない利用についてまで保証の対象としないのは当然であろう。ソフトウェアではないが、例えば同じ成分でも新規の用法による場合は、特許が成立する余地があり、したがって、契約に従わない利用について、このような用法の特許権者から侵害の主張がされることはありうるところである。

② 知的財産権侵害を理由にライセンシー又はユーザーが第三者から請求を受けたときは直ちにライセンサーに通知すること

　第三者による侵害の主張に対する具体的な行為の定めは、これだけである。通知を受けてライセンサーは何をするのかについては、次のプロセスが想定できる。

・当該第三者の主張を踏まえて侵害の有無について調査を行う（ライセンシー側のどのような利用行為についてのものかをあわせて検討）。
・侵害がないと判断すれば、ライセンサーから当該第三者にその旨の通知を行う。これによって、ライセンサーと当該第三者の直接対決の土俵を設定する（交渉、訴訟等）。
・侵害の可能性を認識したときは、侵害になれば保証責任が生じるので、損害を最小限に抑えるために、当該第三者と交渉（ライセンス等）し、また、ライセンシーに対しては契約を解消し又は解消しないまま損害が生じた場合には補塡する旨の覚書を差し入れて対応することになる。

　このように、ライセンサーは保証責任を果たすために動かざるを得ない。しかし、上記❷に記載した条項のように、動き方を具体的に記載しておくのが両当事者にとって望ましいところであり、また、ライセンサーにとっては防御の手続きをスムーズに進めることができるよう、また、一定の責任制限を設け損害が不必要に拡大しないように、詳細な条項を設ける意味がある。なお、市場で有名なソフトウェアのライセンスや一般的なシステム開発であれば、第三者による侵害の主張がライセンシーになされることはあまり想定できないので、本ケースのような簡潔な条項でも差し支えないことが多いであろう。

V その他の条項

→ 1 「準拠法」「紛争解決方法」「管轄」

ケース 14
「準拠法」「紛争解決方法」及び「管轄」に関する条項

相手方（本社は東京）から提示された契約書案に次の条項がある。当社の本社は名古屋にあるので、東京を専属的合意管轄とすることには異議を述べたい。公平な対案はないか。

第○条（管轄）
　本契約の準拠法は日本法とする。当事者間に紛争が生じたときは、誠意をもって協議しその紛争を解決する。ただし、上記協議によっても当該紛争が解決できない場合には、東京地方裁判所を第一審専属的合意管轄裁判所とする。

POINT
- ◉「準拠法」「紛争解決方法」及び「管轄」は、別個の概念である。
- ◉仲裁を紛争解決方法とするのに適する場合がある。
- ◉第一審に限り、書面等の合意により、管轄裁判所を定めることができる。

1 準拠法

契約で定める準拠法とは、当該契約をどの国、州の法律によって解釈するかという法適用の基準である。次の点に留意を要する。
- 複数の「準拠法」は考えられない。適用する法律の基準が定まらず、紛争が生じても法律に従った解決ができなくなる可能性が生じる。
- 外国法を排除するときは日本法を準拠法と定める。
- 日本国内の契約（契約書面の和文、英文を問わず）でも当事者が外国人の場合は、準拠法が日本法であることを明記するのが望ましい。

2 紛争解決方法

当事者間に紛争が生じた場合、どのような手段で解決するかの合意である。第三者を交えた紛争解決手段には、訴訟、仲裁、調停がある。準拠法が日本法の場合、多くの契約書が紛争解決手段を訴訟としている。契約書に明記していない場合は、別に合意しない以上、訴訟を利用することになる。また、調停の場合は、調停は基本的に話し合いの場を提供するものであり、調停不成立の場合は、訴訟の利用が可能である。

まず、仲裁制度の利用について解説する。仲裁は、国際契約ではしばしば利用されているが、国内の契約でも、秘密保持契約違反の場合のように公開の法廷に馴染まない案件や厳密な訴訟と選択的に柔軟な手続きを利用できるようにしたい場合などには、有効である。

仲裁の特徴は次のとおりである。
① 仲裁判断は確定判決と同一の効力を有する（仲裁法45Ⅰ）。
② 仲裁手続における請求は、時効の完成猶予・更新の効力が生じる（同法29Ⅱ）。
③ 仲裁条項のメリット、デメリット。
- メリット ：①非公開、②短期解決が可能、③専門技術的な知見による判断を得られる、④柔軟な手続き（英文和訳が不要等）等
- デメリット：①仲裁判断に対し不服申立てができない、②強制執

行をするためには別途裁判所の執行決定が必要となる（同法45Ⅰ）。
④　裁判に比べて費用がかかるかどうかは何ともいえない（申立て、解決時等の手数料が必要）。
⑤　利用を勧める契約類型には、秘密保持契約等企業秘密がかかわるものがある（訴訟＝公開の法廷という土俵には載せにくい）。
⑥　保全手続きをするために裁判所を利用することは妨げられない。

なお、一般社団法人日本商事仲裁協会と弁護士会を利用する場合の仲裁条項例は、第3章Ⅱ ⇒ 1「基本的な考え方」を参照されたい。

3 管　轄

当事者は、第一審に限り、書面の合意により、管轄裁判所を定めることができる（民訴11Ⅰ）。契約で合意できる管轄には、土地管轄と事物管轄がある。

①　土地管轄
合意のない場合は原則として被告の住所地（本店所在地）を管轄する裁判所の管轄となる（民訴4Ⅰ）。以下の場合は特別の管轄が認められる（民訴5）。

　　・財産権上の訴え　　　　：義務履行地（金銭債権については原則として債権者の住所地）
　　・不法行為に関する訴え　：不法行為があった地
　　・不動産に関する訴え　　：不動産の所在地
　　・登記又は登録に関する訴え：登記又は登録をすべき地

②　事物管轄
訴訟の目的物の価額（訴額）により、地方裁判所（訴額が140万円超）か簡易裁判所（140万円以下）かという管轄が定まる（裁判所法33）。
管轄合意の意義は、次のとおりである。

① どこの裁判所で訴訟を行うかは法的対応の迅速性、コストに直結する。
② 専属的合意管轄とすると他の裁判所に訴訟提起ができなくなる（民訴13Ⅰ。特許権等に関する訴えには一定の例外がある。同法13Ⅱ）。
③ 地方裁判所は弁護士のみが訴訟代理人。簡易裁判所であれば従業員が代理人になれる（民訴54）。

4 本ケースの考え方

新たに契約を締結して取引を開始するのであるから、紛争を予定しているわけではないが、訴訟になる場合の管轄裁判所がどこであるかは、リスクとして認識しておきたい。公平といえる規定方法には大きく2種類ある。

1つ目は、本ケースの例でいえば東京地方裁判所と名古屋地方裁判所の双方を合意管轄裁判所として定める方法である。

2つ目は、当方が訴える場合は相手方所在地の管轄裁判所とし、相手方が訴える場合は当方所在地の管轄裁判所を合意する方法である。2つ目の方法は、海外との契約書にしばしば見られるものであるが、紛争発生に現実的な印象を受けるせいか、国内の契約書ではあまり目にしない。

修正後の条項例

第○条（管轄）
　本契約の準拠法は日本法とする。当事者間に紛争が生じたときは、誠意をもって協議しその紛争を解決する。ただし、上記協議によっても当該紛争が解決できない場合には、東京地方裁判所及び名古屋地方裁判所を、いずれも第一審専属的合意管轄裁判所とする。
　……解決できない場合には、甲（当社）が訴えを提起するときは東京地方裁判所を、乙（相手方）が訴えを提起するときは名古屋地方裁判所を、それぞれ第一審専属的合意管轄裁判所とする。

交渉調停前置の合意にかかわらず提起した訴訟の効力

　紛争が生じたときは誠意をもって交渉し解決する旨の定めを見るが、交渉・民間調停前置の合意にかかわらず提起した訴訟の有効性が争われた裁判例がある。

東京高判平 23. 6. 22 判時 2116・64
　裁判所は「将来の訴訟提起の可能性を認める合意（訴訟を最終的な紛争解決手段として位置付けている合意）については、交渉及び調停の過程を経ないで提起された訴訟であっても、直ちに本案判決をする必要がないと断ずるには、慎重でなければならない。」とし、「本件訴えは訴訟要件に欠けるところがな」いものと判示した。

2 独占権の付与

> **ケース15**
> **独占的販売権条項**
>
> 当社（乙）は、相手方（甲）のＡ製品の総代理店として独占的販売店契約の締結を検討している。相手方提示の契約書案に次の条項があるが、当社に不利な点はないか。
>
> 第○条（独占的販売権）
> 1．甲は乙に対し、日本国内において、Ａ製品の独占的販売権を許諾し、乙はこれを受諾する。
> 2．甲と乙は、別紙のとおり、最低販売量を合意し、乙はこの数量を購入しなければならない。

POINT

- 独占権を付与するときは、その内容を明確にする。
- 付与する独占権と抵触する販売店契約、ライセンスがないことを確認する。
- 独占権は、付与者自ら販売、実施が可能な場合とそうでない場合がある。
- 最低販売量、最低ロイヤリティ等独占権に伴う負担にも注意する。

1 独占権付与の留意点

独占権付与が問題となる契約類型に、販売店契約とライセンス契約がある。独占権付与に関し留意すべきポイントは次のとおりである。
① 独占権の対象、範囲、営業地域（テリトリー）、期間
　独占権の基本的な内容である。他の販売店契約やライセンス契約と抵触

Ｖ　その他の条項

してはならないことは当然のことである。期間の設定はなかなか悩ましい。独占権付与の場合は、下記②の最低販売数量等が設定されるので、販売店としては長期の拘束が負担になることもあり、また、逆に短期の場合は積極的に投資しブランド価値を高めたところで契約が終了してしまうおそれがある。

② 最低販売数量・実施量、最低ロイヤリティ
　独占権の付与は、付与者（プリンシパル、ライセンサー）にとっては、他の販売店等を利用できないため、最低限の販売数量・実施量又はロイヤリティの保証が必要となる。

③ 付与者が自ら販売、実施することについて
　独占契約といっても、付与者が自ら販売、実施できるタイプと、できないタイプがある。これを明確にしておかないとトラブルの原因になる。

④ 販売促進、商標の使用
　独占権の付与は、当事者双方にとって、相手方の販売促進活動に依存するところがあるので、販売促進活動、パンフレット等の資料、商標の使用方法等について、負担、提供、範囲等を取り決めることがある。

⑤ 独占禁止法
　営業地域の制限、競合商品の取扱禁止、契約終了後の競業禁止など、独占禁止法上の注意が必要な事項がある（「不公正な取引方法」昭57公正取引委員会告示15　11　排他条件付取引、12　拘束条件付取引等）。

2 独占的ライセンス

(1) 独占権の種類
　特許権の場合、独占権付与の仕組みには、「独占的通常実施権の許諾」（非排他的権利）と「専用実施権の設定」（排他的権利）がある。
　独占的通常実施権は、合意で内容を定めることになるが、特許権者も実

施できないパターンと、実施が可能なパターンがあるので、明確化が必要となる。通常実施権における「独占性」は、許諾の内容なので、債権的効力（排他性＝第三者に対する妨害排除請求権がない）しかない。専用実施権は、特許権と同じく、特許法が排他性を付与している（特100Ⅰ）。独占権は、上記②のとおり「最低販売数量の保証」（最低ライセンス料の保証）を伴うのが一般的であるが、最低保証を満たさない場合に独占権を喪失する条項を定めることがある。そのような条項例を掲げる。

1．甲は、乙に対し本特許発明の独占的実施権（再実施権は含まない。ただし、製造委託を妨げない。）を許諾する。
2．甲は、本契約の期間中、自ら、又は第三者に対し、本件特許発明を実施し、又は実施を許諾しない。ただし、次の各号のいずれかに該当するときは、理由の如何を問わず、甲は、本件特許発明を自ら実施し、また、第三者に対しその通常実施権を許諾することができる。
 （1）本契約締結日から3ヶ月以内に、市場販売のために本件製品の製造（以下「本製造」という。）を開始しないとき。
 （2）本製造開始日の属する月の翌月以降、本件製品の販売が月間○○台未満である状態が、12ヶ月以上継続しているとき。
＊第2項但書中の「また」は「かつ」の意味であり、平仮名で表記し前後に読点をおく。

---

(2) 調査権・監査権

ロイヤリティの場合、ライセンサーがライセンス製品数を客観的に把握できない場合も多い。そこで、ロイヤリティの正確性を担保するために、ライセンサーに監査権を与える場合が多い。実効性をもたせることと、ライセンシー側の負担との相関関係があるので、実施方法、回数、時期、専門家の利用、協議の有無など具体的な定めをおくことが多い。また、監査費用については、原則としてライセンサーの負担であるが、支払ロイヤリティ額の○○％以上の未払いが生じたときは、ライセンシーの負担とする等の定めを置くこともある。

3 本ケースの考え方

販売店の立場からは、甲自身の販売についてまで制限されているのかどうか独占権の内容を確認する必要がある。明記していないと、いずれの解釈も可能であり、紛争の原因となりかねない。また、高度な技術製品であれば、甲が第三者に技術ライセンスを行い、当該第三者が競業品を製造し同一の営業地域内でその製品を販売することを想定する必要が生じる場合もある。最低販売数量の購入義務については、その義務違反の効果は、一定の金員（違約金）の支払い、契約解除事由、独占権の解消などバリエーションが考えられる。下記は参考修正例であるが、追加、変更部分に下線を付した。

修正後の条項例

第○条（独占的販売権）
1. 甲は乙に対し、日本国内において、A製品の独占的販売権を許諾し、乙はこれを受諾する。甲は、本契約で明示する場合を除き、日本国内において、A製品を自ら販売することができない。
2. 甲と乙は、別紙のとおり、最低販売量を合意し、乙がこの数量を達成できないときは、甲は本契約を解除し、又は自ら若しくは第三者をして日本国内においてA製品を販売することができる。

4 社内調整のヒント

独占権の付与は、付与する側でも付与を受ける側でも、会社の負担が大きいビッグプロジェクトである。相手方の十分な調査（技術力、ブランド力、販売力等）、市場予測の正確性、独占権と抵触しうる契約の確認、独占禁止法を踏まえた契約条項の交渉・ドラフトなど、しっかりした社内体制を整えて取り組む必要がある。

第3章

契約の種類ごとの留意点

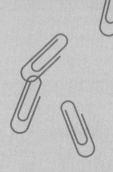

I 取引基本契約

→1 基本的な考え方

> **ケース1**
> 個別契約に対する基本契約の定めの適用
>
> 相手方（買主）から次の定めがある取引基本契約書案が送られてきた。注意を要するポイントはどこか。
>
> 第○条（目的）
> 　売主は買主に対し、本契約の定めに基づき、甲乙間で締結される個々の取引（以下「個別契約」という。）に従い、買主の取り扱う○○等の商品を供給する。

POINT

- 基本契約がある場合、個別契約の締結の自由に一定の制約が生じる場合がある。
- 「供給する」などの給付文言の使用に留意する。
- 基本契約書の条項を変更する場合は、書面で明確にする。

1 基本契約と個別契約の関係

継続的な取引を行う際は、取引条件を最初に一括して定めておき、個別

の取引には、基本契約の取引条項を適用する扱いが広く行われている。この場合、相互に相手方の個別の注文に応じる義務は生じるものであろうか。どのように考えるべきか。

　何人も契約をするかどうかを自由に決定できる（新民521 I）。したがって、個別契約を締結する一般的な法的義務はない。しかしながら、基本契約を締結した以上、契約当事者間では信義誠実の原則が支配するため、基本契約の趣旨、取引の実態等を勘案して正当な理由のない拒絶は信義則違反（違法）となる場合がある。

　裁判例を見てみよう。特約店が、個別注文に応じないレコードメーカーに対し、継続的売買契約に基づき、注文に応じた供給を受ける地位にあることの確認を求めた事例である。この事例は、仮の地位を定める仮処分（民事保全法23 II）であり、申立人の特約店を「債権者」、相手方のレコードメーカーを「債務者」と表示している。

> 東京地判昭59.3.29判時1110・13
> 　「契約書では、……債務者（メーカー）らは債権者（特約店）に対し債務者らの取り扱うレコード等の商品を供給する旨の条項（各契約書第一条）が規定されていることが一応認められ、また、……債務者らは、……債権者の注文に対し、その注文にかかるレコード等の商品の在庫がある限り右注文に応じてレコード等の商品を債権者に対して出荷してきており、一般に、債務者らがその特約店からの注文に対して注文どおりの出荷をしないのは、品薄で注文どおりに出荷することがそもそもできない場合や特約店が商品代金の支払いを怠つている場合など、特別の事情がある場合に限られていることが一応認められる。」
> 　「レコードの流通業界においては、……小売業者としては、一部のレコードメーカーからであつても注文どおりにレコードが出荷されないとすると、レコードの品揃えができないため顧客の要求に応えられず、ひいてはその信用を失い、営業上重大な障害を生ずることになることを一応認めることができる。また、……、レコード小売業者がある特定のレコードメーカー又は卸売業者からレコードの供給を受けられなくなつた場合には、その供給先を他に求めることはかなり困難であり、従つて、レコード小売業

> 者にとっては、レコードメーカー又は卸売業者との契約関係が維持され、注文どおりにレコードが供給されることがその営業の基本的条件をなしており、この条件が欠けるときにはその営業の継続は困難となると言える。……これに前記……契約書第一条の文言及び従来の商品の出荷状況をあわせ考えれば、……前記……契約においては、債務者らは、債権者の注文に対しこれに応ずるか否かの自由を全面的に有するものではなく、注文に応じないことがやむを得ないと認められるような特別の事情がない限り、債権者の注文を受諾して売買契約を締結し、債権者に対し注文にかかるレコード等の商品を供給するべき義務を負っていると言うべき……。」
>
> ＊ただし、裁判所は、本件はやむを得ない事情があるものとし特約店の請求を認めなかった。

このように裁判所は、取引の性質、取引の実態、条項の文言（「売主は買主に商品を供給する」旨）等により、特別の事情がない限り、買主の注文を受諾して個別売買契約を締結し、買主に対し注文にかかるレコード等の商品を供給するべき義務を負うものとした。ちなみに、「○○する」という動詞の表現は、裁判実務（和解条項等）では「強制力を伴う一定の行為の約束」（引き渡す、支払う等）や「法規範の創設的宣言」（負担する、合意解除する等）に用いられる。なお、契約書では「○○する」では表現の印象が強いので、「○○するものとする」と柔らかな表現が多用されている。契約書で使用する限りにおいては、どちらの表現でも意味は同じである。

2 基本契約の変更方法

基本契約書が体裁上（約款、規約等）ないし作成者の都合（統一書式の利用）で直接修正できない場合は、別途覚書を取り交わす。事後的に修正する場合も同様に覚書等の書面による。

この場合、追加なのか削除なのか、変更部分を特定し、変更の趣旨を明確にしておく必要がある。また、このような合意は、書面によってのみ行うことができるように、基本契約書には「変更は書面による」旨定めることになる。

3 本ケースの考え方

上記のとおり、表現だけの問題ではなく、取引の性質等も考慮に入れる必要はあるが、「供給する」という給付文言は、供給義務を定めていると解釈される余地がある。したがって、個別契約の自由度を高めたいのであれば、文言を工夫する必要がある。

修正後の条項例

第○条（基本契約と個別契約）
　本契約は、甲が乙に対し発注する目的物（役務等を含む。以下「目的物」という。）の取引に関する基本事項を定めたものであり、甲乙間の個々の取引（以下「個別契約」という。）に共通して適用される。

MEMO

申込みを撤回する権利の留保

承諾の期間を定めてした契約の申込みは、撤回できない（新民523Ⅰ本文）。また、承諾の期間を定めないときは、相当の期間が経過するまで撤回できない（新民525Ⅰ本文。ただし、対話者間の申込みに例外がある）。新民法は、これらの申込みの撤回につき例外を規定し、承諾の期間の定めの有無を問わず、「申込者が撤回をする権利を留保したとき」は、申込みを撤回できるものとした（新民523Ⅰ但、525Ⅰ但）。

このように、申込みの撤回権の留保は一方的にできるので、契約が成立するまでの間とはいえ、安全を期して、申込書（注文書）に「注文者は、契約が成立するまでの間、申込みを撤回できるものとする。」と申込みの撤回権を明記することも検討の余地がある。

2 発注書・請書に印刷文言がある場合

ケース2
個別契約と定型の印刷文言

当社(発注者)では、取引基本契約書に次の定めがあるひな形を使用しているが、部内から「最近、請書に約定文言が印刷されている場合が増えてきており、ひな形の定めに従えばどのように考えればよいのか。」との質問があった。どう考えればよいか。

第○条(個別契約等)
1. 甲及び乙は、個別契約において、発注年月日、目的物の名称、仕様、数量、納入日、納入場所、単価、代金の額、支払日及び支払方法等を定める。
2. 個別契約は、甲が乙に対し前項の取引内容を記載した書面により申込みを行い、乙がこれを承諾する請書等の書面を甲に交付することにより成立する。

POINT

- 基本契約を締結していても発注書又は請書(受注書)に、定型の契約文言(いわゆる一般条項、裏面約款)が印刷されていることがある。
- 裏面約款のある発注書・請書をそのままにすると、複雑な法律関係が生じる。
- 基本契約書に定型の印刷文言への対応方法を事前に定めておくことが望ましい。

1 個別契約の成立

　取引基本契約がある場合、具体的な個々の取引は個別契約による。個別契約の成立は、発注書と請書のように、書面の交換が基本形態であるが、発注書に対し「〇日以内に異議の通知がない場合は承諾したとみなす」旨の条項例が多い。書面の請書という手間（印紙も必要）を省き、また、個別契約の成立が明確になるので有益である。なお、「通知」などの意思表示は、到達主義（到達によって意思表示の効力が生じる）が原則である。

　商法は、「商人が平常取引をする者からその営業の部類に属する契約の申込みを受けたときは、遅滞なく、契約の申込みに対する諾否の通知を発しなければならない。」とする（商509Ⅰ）。そして、その「通知を発することを怠ったときは、その商人は、……契約の申込みを承諾したものとみなす。」とする（商509Ⅱ）。上記の「〇日以内に」というのは、「遅滞なく」（事情の許す限り最も早く）を明確な約定に修正するものといえる。

2 異なる契約条件の記載

　民法は、「申込みに変更を加えた承諾」として、「承諾者が、申込みに条件を付し、その他変更を加えてこれを承諾したときは、その申込みの拒絶とともに新たな申込みをしたものとみなす。」とする（民528）。

　すなわち、注文に対し、契約条件を付した請書が交付されたときは、注文の条件（すなわち基本契約の条件）を不承諾とし、あらためて請書記載の条件で契約の申込みがなされたことになる。

　したがって、申込み又は承諾の書面に一方的に条件を書き込んだ場合は、当該記載の条件による契約の申込みになるので、あらためて条件を交渉せざるを得ず（そのままだと「承諾」とみなされるおそれがある）、対応は厄介である。最近は、自社の使用する発注書や請書に「一般条項」（裏面約款）が印刷されていることも多いので、基本契約であらかじめ対処しておくべきであろう。

3 本ケースの考え方

本ケースの条項では、裏面約款に対応するために、発注の都度、一手間かけなければならず、現場は混乱する。すなわち、請書に契約条件が記載されていたら、まず、それが基本契約と異なるかどうかの判定が必要となる。異ならなければ、そのままでよいが、異なる場合には、あらたな契約申込みとなるので、発注者は基本契約に従う旨の通知をし（再申込み）、相手方の反応を見ることになる。これでは、いかにも面倒である。実務的には、請書に裏面約款がある場合、その記載条件にかかわらず、直ちに、「基本契約に従った発注なので契約条件は基本契約に従う」旨を当該相手方に通知することになろう。しかし、このような事態を想定して、基本契約において手当てをしておくことが望ましい。

修正後の条項例

2. 個別契約は、甲が乙に対し前項の取引内容を記載した書面により申込みを行い、乙がこれを承諾する請書等の書面を甲に交付することにより成立する。なお、<u>上記申込み又は承諾の書面に契約条件の記載があるときは、甲と乙が権限を有する者により事前に書面で合意した場合を除き、当該記載を無効とする。</u>

＊「権限を有する者」によらなければならないことは当然のことであるが、権限のない現場の担当者が記名押印をしてしまうことが想定されるので、具体的に表現した。条項の作成には、往々にしてこのような配慮が求められる。

4 社内調整のヒント

ひな形の取引基本契約書に裏面約款に対応した条項が設けられるまで、発注を行う現場には、契約条項が付された請書の交付があった場合の対応

について周知しておく必要がある。対応する場合の通知書の書式の用意も必要であろう。

> **MEMO**
>
> **承諾の効力が生じる時期**
>
> 　新法では、承諾の意思表示は、到達により効力が生じる（新民 97 Ⅰ。旧法では、例外的に隔地者間の契約は承諾の通知を発した時に効力が生じるものとされていたが、その旨の条文は削除された）。したがって、特段の合意ないし商慣習（商事の場合：商 1 Ⅱ）がなければ、注文に応じた「出荷」により個別契約は成立しないので（「着荷」により承諾の意思表示が「到達＝契約成立」となる）、企業会計基準では「出荷基準」が採れなくなるのではないかという疑義が生じる。それに備えて次のような条項例が考えられる（ただし、「出荷」で収益実現といえるのかどうか、企業会計基準においては別の問題がある）。
>
> 〈条項例〉
> 　「（目的物が動産の場合）売主が、買主の申込みに応じて目的物の出荷をしたときは、出荷の時をもって個別契約が成立したものとみなす。ただし、上記出荷の時までに買主が適法に申込みを撤回したときは、この限りでない。」

3 印紙の注意

> **ケース3**
> **取引基本契約書に貼付する印紙**
>
> 相手方から届いた取引基本契約書用紙には、「収入印紙200円」との記載がある。取引基本契約書に貼付する収入印紙は、4,000円ではないのか。継続的契約書に貼用する印紙にはどのような注意が必要か。
> ＊本ケースは、平成31年1月1日現在の法令・通達による。

POINT

- 印紙は、契約の成立等を証する文書に貼付する。
- 取引基本契約書に貼付する印紙は、4,000円とは限らない。
- 委任契約書、ライセンス契約書等課税の対象とならない契約類型がある。
- 「覚書」や「仕様書」の題名であっても、課税対象となる契約書の重要な事項を変更等する場合は印紙の貼付が必要となる。

1 印紙について

貼付が必要な「契約書」は、「契約当事者の間において、契約(その予約を含む。)の成立、更改又は内容の変更若しくは補充の事実……を証明する目的で作成される文書をいい、契約の消滅の事実を証明する目的で作成される文書は含まない。」とされる(印紙税法基本通達12条)。

ここでいう「文書」は書面であり、電磁的記録(PDFをメール送信する等)・FAXによるものは含まれない。注文書、請書の形式による場合は、請書によって契約の成立が証明できるので、請書に印紙を貼付する。ただし、注文書でも相手方の見積書に基づくことが書面に記載されていれば、契約を証明する文書として印紙が必要とされる(請書を発行する場合を除

く)。

　なお、「注文書を受領しました」旨の書面受領文書は契約の成立を証する文書ではないので、一般的に非課税と考えられている。この書面受領文書は、契約成立を直接証明するものではないが、間接的な証拠となるので、信頼関係の成り立つ関係者間の取引などでは有用であろう。

2 継続的契約

　「継続的取引の基本となる契約書」（2以上の取引。契約期間3ヶ月以内かつ更新の定めのないものを除く。印紙税額一覧表の第7号文書）は、政令で定めるものにつき、1通4,000円の印紙を貼付する。この政令の定めは、「営業者間において、売買、売買の委託、運送、運送取扱い又は請負に関する複数取引を継続的に行うため、その取引に共通する基本的な取引条件のうち、目的物の種類、取扱数量、単価、対価の支払方法、債務不履行の場合の損害賠償の方法又は再販売価格のうち1以上の事項を定める契約書」である（その他に一定の代理店契約書などの類型があるが本書では取り上げない）。以下、若干解説する。

① 「営業者間」の契約書であること。利益を得る目的で事業を行う個人事業主を含む。
② 「売買、売買の委託、運送、運送取扱い又は請負」に関する契約書であること。すなわち、委任（準委任）契約（売買委託を除く）、ライセンス契約などは除外されている。ただし、会計監査契約のように性質上は委任契約と考えられていても（会330）、印紙が必要な契約書（監査報告が仕事の完成と観念され請負契約の類型となる）もある。
③ 「複数取引を継続的」に行う契約書であること。固定の数量を製造して分割納付する売買契約やエレベーターの保守契約（請負契約）は、複数取引ではないので、これに該当しない（別の課税文書となる）。
④ 「目的物の種類、取扱数量、単価、対価の支払方法、債務不履行の場合の損害賠償の方法又は再販売価格」を定める契約書であること。ここの「対価の支払方法」は、具体的に対価の支払に関する手段・方

法を定めるものであり、「別途定める」「甲所定の条件による」のような記載を含まない。また、「債務不履行の場合の損害賠償の方法」は、損害の賠償として給付される金額・数量の計算方法、給付方法等を定めたものであり、「法律に従い損害賠償をしなければならない」のような一般的な定めを含まない。

3 契約条件を変更等する場合

　課税対象となる契約書の重要な事項を変更、補充等する文書を作成する場合は、その文書に印紙の貼付が必要となる。重要な事項については、印紙税法基本通達別表第2に定めがある。文書の題名は問わないので、「仕様書」の題名であっても、例えば当該仕様書に「請負の内容」を補充するような重要な事項が記載されていれば、印紙の貼付が必要となる。ただし、この場合も成立、変更、補充等の契約を証する文書である必要があるので、発注者ないし受注者が相手方に一方的に交付したものであれば契約を証するものとはいえない。また、当該文書を「承認する」旨の署名・押印をして相手方に交付すると、「請負の内容」に関し契約の補充を証する文書になりうるので、実務では、内容の承認ではなくあくまでも「書面を受領した」旨の受領印を押印して交付する例がある。

4 本ケースの考え方

　本ケースのように「収入印紙200円」と記載された「取引基本契約書」をしばしば目にする。上記のように、継続的契約であっても一定の要件の契約文書にしか印紙税は課税されない。基本契約なので、条項の設計方法によっては、課税文書としての継続的契約になることを免れることができる。ただし、現実には、具体的な代金支払方法、遅延損害金等を定めるべきことが多く、非課税文書該当性を充足できる場合は限定的である。

　ところで、基本契約書には「請負等の取引」など一定の取引の性質を加えることがあり、「200円」というのは、その場合における契約金額の記載のない請負契約書としての印紙税額である。

　したがって、非課税要件の充足性の確認が必要であり、また、条項の修

正などに伴いあらためて印紙の要否、印紙税額を調査することになる。

なお、非課税文書に印紙を貼付している例が見受けられ、また、誤解により課税文書に貼付していない例も想定できるので、社内で総点検を実施してみたい。

> **MEMO**
>
> **海外の会社との契約書**
>
> 　海外の会社との契約書は、作成（意思の合致を証明する時）が国外で行われる場合には、印紙税は非課税である。印紙税法の適用地域は日本国内に限られる（国税庁HP）。英文契約書は、各当事者のサイン欄に日付を記入する例が多いが、先に国内の当事者がサインをして、後から国外の当事者がサインをすることによって、文書の記載から国外で意思の合致があったことを証明できるようにする。また、国外で同時にサインする場合は、契約締結の場所を契約書に明記しておきたい。

→4 債権譲渡制限条項の考え方

> **ケース4**
> **債権譲渡禁止特約**
>
> 　契約書案に次の債権譲渡を禁止する特約の条項がある。新民法では、どのように規定するのがよいか。
>
> 第○条（譲渡禁止）
> 　甲及び乙は、本契約から生じる一切の債権を、あらかじめ相手方の書面による承諾がある場合を除き、第三者に譲渡してはならない。

POINT

- 債権譲渡は、債権譲渡を禁止又は制限する特約（以下「譲渡制限特約」という）があっても有効である。
- 譲渡制限特約があり、譲受人がその特約を知っている（悪意）場合又は容易に知ることができた（重過失）場合には、債務者は、従前の債権者に弁済すれば免責される。債権譲渡は有効なので、譲受人に弁済しても免責される。
- 債務者が履行をしない場合は、譲受人は当該債務者に対し「譲渡人」に相当期間内に履行することを催告できる。債務者は、この催告に応じた履行をしないときは、「譲受人」に履行しなければならない。
- 譲渡制限特約付き債権が譲渡された場合、譲受人の悪意・善意を問わず、債務者は供託ができる。譲受人に限り、還付請求権を有する。
- 以上にかかわらず、預貯金債権については、従前と同じ扱いである。
- 「異議を留めない承諾」の制度は、廃止された。
- 債権の二重譲渡の場合の対抗要件は従前どおりである。

1 債権譲渡についての民法の改正内容

債権譲渡の改正内容は、概ね次のとおりである。
① 債権制限自由の原則（民466Ⅰ本文）。この原則は、旧法と変わらない。
② 譲渡制限特約（条文は、「禁止」だけではなく「制限」を含めて「譲渡制限の意思表示」と略称する）をしても、譲渡は有効である（新民466Ⅱ）。
③ 譲受人が譲渡制限につき悪意又は重過失のときは、債務者は、譲受人に対し当該債務の履行を拒絶できる（新民466Ⅲ）。なお、履行を拒絶しなくてもよい。
④ 債務者が債務を履行しない場合は、譲受人（善意・悪意を問わない）が相当の期間を定めて「譲渡人」に支払うよう催告し当該期間内に履行がないときは、債務者は、「譲受人」に対し当該債務の履行を拒絶できなくなる（新民466Ⅳ）。
⑤ 譲渡制限特約のある債権が譲渡されたときは、債務者は、当該債権相当額全額を債務の履行地の供託所に供託することができる（新民466の2Ⅰ）。持参債務の場合、譲渡人と譲受人のいずれの住所地の供託所でもよい。債務者は、供託後遅滞なく、譲渡人と譲受人の双方に供託の通知をしなければならない（同Ⅱ）。供託された金銭は、譲受人に限り、還付請求ができる（同Ⅲ）。
⑥ 強制執行による差押えの場合は、従前どおりである（新民466の4）。
⑦ 預貯金債権については、上記②にかかわらず、債務者は、悪意・重過失の譲受人に対抗することができる（新民466の5Ⅰ）。すなわち、従前の債権譲渡と同じ規律である。
⑧ 将来債権の譲渡が有効であることが明記され、一定の規律が明文化された（新民466の6）。
⑨ 債務者は、対抗要件具備（通知・承諾）前に取得した譲渡人に対する債権による相殺をもって譲受人に対抗できる（新民469Ⅰ）。弁済期の先後を問わない。

⑩　債務者が対抗要件具備後に取得した譲渡人に対する債権であっても、その債権が次に掲げるものであるときは、上記⑨と同様である。ただし、債務者が対抗要件具備後に他人の債権を取得したときは、この限りでない（新民469Ⅱ）。
 ⅰ）対抗要件具備時より前の原因に基づいて生じた債権
 例：対抗要件具備時より「前の原因」の賃貸借契約に基づき「後」に発生した賃料債権を自働債権とする場合（賃借人が賃貸人に対する貸金債権を第三者に譲渡して対抗要件を具備した後に、賃貸人が、賃料債権を自働債権として当該借入金債務と相殺できる。賃貸人は、賃料不払いが生じたときに、賃料債権と借入金債務を相殺できる期待を有する。）
 ⅱ）譲受人の取得した債権の発生原因である契約に基づいて生じた債権
 例：将来債権の譲渡がされ、対抗要件具備後に、その発生原因となる契約が締結され、その後に債務者が当該契約に基づいて取得した債権を自働債権とする場合（ＡＣ間において、担保目的で包括的に売買代金債権を譲渡・登記し、その後にＡＢ間で対象となる売買がされた場合に、Ｂは、目的物から生じた損害賠償請求権を自働債権として、代金債権と相殺できる。）

2 譲渡禁止特約の規定の方法

　譲渡禁止特約は、発注者（代金につき債務者）からみて、受注者（同債権者）の代金債権が自由に譲渡されると、管理が大変であり、また、反対債権の担保的機能を持たせることもあるので、その場合には目的を損なう結果となる。したがって、通常の企業間契約では、譲渡禁止特約が存在するのが一般的である。新法下でも債権譲渡の原則禁止条項は、存続すると考えられる。なお、業務委託契約に基づく金銭債務以外の履行請求権は、「性質上譲渡を許さない」ものとして、債権譲渡自由の原則の例外をなすので譲渡はそもそもできない（民466Ⅰ但）。

　それでは、改正の内容を踏まえて、今後、どのような契約条項にすれば

よいであろうか。

視点としては、ⅰ）債権譲渡の原則禁止、ⅱ）禁止に反して譲渡された場合の債務者（発注者）の対応方法、ⅲ）特約違反が軽微でない一定の場合の解除権が考えられる。

3 本ケースの考え方

本ケースの条項は、従前よく見られたスタンダードなものである。このままの条項で、新法の条文に従って対応してもよいのであるが、取扱いの明確化を兼ねて、上記の視点から、次のように条項例を挙げる。なお、第2項は新民法の定めと同じ内容である。

修正後の条項例

第○条（譲渡禁止）
1．甲及び乙は、本契約から生じる一切の債権を、あらかじめ相手方の書面による承諾がある場合を除き、第三者に譲渡してはならない。
2．前項にかかわらず、甲又は乙が、相手方の事前の書面による承諾を得ずに、本契約から生じる金銭債権を第三者に譲渡し、その旨を相手方に通知したときは、相手方は、任意に次のいずれかの対応をすることができ、この場合、当該債権につき一切免責されるものとする。
　① 譲受人とされた者に弁済すること
　② 供託所に供託すること
3．乙（受託者）が、本契約に基づく受託業務の履行を完了する前に、前項の債権譲渡をしたときは、これにより乙がその受託業務の履行を完了しないおそれがないことを速やかに証明した場合を除き、甲は、本契約を解除することができる。

Ⅱ 秘密保持契約

⮕1 基本的な考え方

> **ケース5**
> 秘密保持契約の視点と裁判管轄条項
>
> 取引を検討している相手方から秘密保持契約書が送られてきた。どのような視点で検討すればよいのか。また、次の裁判管轄の条項があるが、このままでよいか。
>
> 第○条（管轄）
> 　本契約に関する訴訟は、甲又は乙の本店所在地を管轄する地方裁判所を専属的合意管轄裁判所とする。

POINT

- ◉秘密保持契約は、「目的外使用」と「第三者開示」の禁止が目的である。
- ◉上記目的を達成（担保）するための周辺整備を検討する。
- ◉競業禁止等過度な負担が生じないかを確認する。
- ◉紛争解決手段にも留意する。

1 総　論

(1) 秘密保持契約（NDA）の目的

　秘密保持契約書ないし秘密保持条項は、しばしばNDAと略称される（Non-Disclosure Agreementの頭字語）。契約当事者間で開示される情報の秘密を維持するために締結することはいうまでもないが、その目的は、秘密情報につき「目的外の使用をしないこと」と「漏洩（第三者に開示）しないこと」の確保である。この目的が達成できればよいのだが、そのために秘密情報の管理について明確に定めておく必要がある。

　企業結合やM＆A、共同研究・共同開発、ライセンス交渉等およそ相手方に秘密情報を開示して進める重要な契約交渉は、秘密保持契約の締結から始まる。なお、技術情報を取り扱うときは知的財産権保護の観点、個人情報を取り扱うときは個人情報保護の観点から、別途条項の検討が必要となる。

(2) 秘密保持契約を締結する意義

　秘密保持契約締結の意義は、概ね次のとおりである。これらの観点から、契約条項に遺漏がないかチェックする。

① 「秘密情報」の明確化による「管理可能性」の確保。不正競争防止法の「営業秘密」の要件である「秘密管理性」（不正競争防止法2Ⅵ）を備えるとともに、明確化により秘密の保護を強化する。

② 使用目的の特定による「使用の制限（目的外使用の禁止）」の担保。

③ 開示先を限定することによる「漏洩防止」の担保。

④ 秘密情報の例外を設けることにより、事業活動に「過度な制約が及ぶことを制限」。

⑤ 管理、監査の方法を設定することにより、「管理の有効性」と「管理の可視化」を図る。

⑥ 秘密保持義務の継続期間を設定することにより、「管理の期間」を明確化する。

⑦ 契約終了時の取扱いを定めることにより、「開示した情報の所在」

を明確化する。
⑧　当事者間の「秘密保持意識の向上」による事故防止。

(3) 秘密の実効的な管理

単に契約書を作成したことで安心はできない。秘密情報の管理の仕組みを、次のように構築する。

①　対象となる情報の明確化
　　情報の性質、重要性等によって、管理の方法は異なる。
②　開示の際の秘密である旨の明確な表示
　　開示した秘密情報の記録（いつ、誰に、内容等）の管理を実践する。
③　社内体制の整備
　・物的安全管理措置：秘密の明示、媒体の保管場所、漏洩・盗難防止措置等
　・人的安全管理措置：情報管理規程、情報管理責任者の設置、社内研修、守秘誓約書、就業規則の守秘義務規定等
④　契約終了時の秘密情報返還・破棄の確認

2 秘密保持契約書作成時の視点

秘密保持契約書は、意外にバリエーションが豊富であるが、作成の際の基本的な視点は、次のとおりである。

①　情報を開示する側と情報開示を受ける側のどちらであるのか、あるいは、相互に開示しあうのか。
　　秘密情報の開示をする立場と受ける立場で規定の力点が異なる。重要なのは、前者であれば開示した情報の保護であり、後者であれば受領した情報の管理である。また、双方向の開示であっても、重要な情報を開示する立場であるかどうかによっても同様の注意を要する。
②　いかなる情報が秘密情報となるのか。
　　秘密であることが認識できないと保護が及ばないので、どのように秘密である旨を表示するのが適切かという判断が必要となる。また、重要性に応じて、情報取扱いに関する管理の程度が異なる（コピー禁止、開

示対象者の極端な限定、管理状況の監査等)。
③　秘密保持義務の内容の構成
　　上記①②を踏まえた上で、次のチェックポイントに進む。
- 「目的外使用」と「第三者開示」の禁止が基本なので、それをどのように担保するのか。実際の秘密情報の流れを想定して、シミュレーションをしてみる。
- 秘密保持義務は実効性を伴うものか。有効な周辺措置をどのように構築するのか。
- 管理の有効性を検証するための監視、監査機能はどうするのか。遵守状況について説明を求めることができるようにするのか。第三者の専門家に監査させることができるようにするのか。
- 秘密保持義務の及ぶ期間はいつまでなのか。また、その期間が経過したらどうなるのか、どうしたいのか。
- 違反の場合の対応(法的手続)をどうするのか。訴訟でよいのか、仲裁がよいのか。

④　秘密情報の例外規定の存在、競業禁止規定の不存在等などをチェックし、過剰な負担を生じさせないようにする。

3 本ケースの考え方

　秘密保持契約を検討する視点は上記のとおりなので、ここでは、裁判管轄条項を見る。本ケースの条項例は、当事者のいずれの本店所在地を管轄する裁判所にも訴訟を提起できるので公平といえるが、管轄(ここでは、どこの地で裁判を行うかという土地管轄)以前の問題として、秘密保持契約の場合、そもそも紛争解決手段として訴訟が適切かどうかの検討をすべきである。多くの秘密保持契約書は、訴訟を紛争解決手段と定めているが、秘密情報の取扱いで紛争が生じた場合に、公開の法廷で行われる訴訟が本当に適当なのであろうか。契約書作成の際は、紛争が生じることまで具体的に想定することはないが、紛争解決手段の条項を設ける以上は、この条項をないがしろにするわけにはいかない。秘密情報を取り扱うのであるから、非公開の仲裁が適切である。一般社団法人日本商事仲裁協会や一部の

弁護士会が仲裁を実施しているので、このような仲裁機関を利用する場合の条項例を挙げる。なお、一般的な場合の紛争解決手段、管轄に関する条項、仲裁のメリット・デメリットの解説は、第2章Ⅴ「その他の条項」⤵1「『準拠法』『紛争解決方法』『管轄』」を参照されたい。

修正後の条項例

① 一般社団法人日本商事仲裁協会を利用する場合の条項例
「この契約から又はこの契約に関連して、当事者の間に生ずることがあるすべての紛争、論争又は意見の相違は、一般社団法人日本商事仲裁協会の商事仲裁規則に従って、(都市名)において仲裁により最終的に解決されるものとする。」(同協会のHP)

② 弁護士会を利用する場合の条項例
「本契約に関して紛争が生じた場合には、東京地方裁判所を第一審の専属的合意管轄裁判所とする。ただし、甲又は乙が、訴訟によらず、第一東京弁護士会又は第二東京弁護士会に仲裁を申し立てたときは、相手方はこれに応じ、甲と乙はその仲裁判断を最終的なものとしてこれに従うことを合意する。」

②の条項例は、訴訟も選択できるものとし、当事者の一方が、訴訟によらずに仲裁申立てをした場合には、仲裁によって紛争を解決すべきものとするものである。

➡2 秘密情報の定義

> **ケース6**
> **秘密情報と価格表**
>
> 当社の製品の新規購入先と取引基本契約を締結して継続的な取引関係を構築しようと考えている。条件交渉を開始するにあたり、秘密保持契約書の締結を予定し、その締結後に当社所定の価格表を提示したい。この価格表の内容は、秘密保持契約の保護の対象となるものと考えてよいか。

POINT

- 秘密情報の定義に具体的な例示を入れることは重要である。
- 秘密情報の範囲に漏れがないように性質上の秘密、法令上の秘密を例示に加えるとよい。
- 秘密情報は、契約条項・条件など相互に共有すべき情報を含まない。

1 定義規定を設ける際のポイント

次の条項例を見てみよう。

> 第○条（秘密情報）
> 1．本契約において秘密情報とは、本契約期間中、開示者が受領者（被開示者）に開示した情報であって次の各号の一に該当するものをいう。また、秘密情報の複製及び秘密情報を記載又は記録した媒体は、秘密情報とする。
> （1）技術、設計、財務、事業計画、企画その他関係する資料の内

容が有体物、電磁的記録、映写その他開示の結果を客観的に認識できる状態（情報が暗号化された状態を含む。）により、かつ秘密であることを明示して開示される情報
（2）秘密であることを告知した上で口頭その他前号以外の方法にて開示される情報であって、開示後7日以内に、当該情報を秘密として特定し、かつ秘密である旨の表示を付した書面が交付されたもの
（3）性質上又は法令上秘密として取り扱われる情報

　秘密情報というためには、双方にとって秘密情報という認識が一致する程度に対象が特定されていることが必要である。そもそも、受領者にとって秘密情報であることが認識できなければ、規範意識が働かないのであり、保護の対象とは認められない。この点、（1）号のように、秘密情報の例示列挙は、認識の範囲を明確化するものであって、受領者による秘密性の認識可能性を高めるものとして有用である。

　会議などで、情報が口頭で開示される場合がある。（2）号は、このような場合の情報の取扱いを明確にする。口頭の場合は、情報の内容、範囲が不明確なので、後日速やかに特定しておかないと、当該情報の適切な管理は見込めない。

　また、開示の際「秘密」を明示しない（できない）秘密情報もあり得るので、網羅的に（3）号を入れる。開示者が意識しないまま開示した情報が、インサイダー情報に該当することもあり、受領者の立場でも注意しなければならない性質の情報がこれに含まれる。

　上記条項例では、複製、情報格納媒体そのものを秘密情報としているが、秘密情報とはその内容のことなので、若干違和感がある。しかし、実務的には、有体物としての複製、媒体そのものを秘密情報と同等に取り扱うことで、秘密情報の保護を図ることになり、このような条項が広く利用されている。

2 本ケースの考え方

　価格表は、上記条項例の定義に照らすと、一見、「開示者の開示した情報」であって、開示者が「秘密である」旨明記しておけば、開示者の秘密情報に該当しそうである。

　しかしながら、「価格」は取引の条件であり、当事者の合意により形成されるものであって、開示者が価格表を提示しても、両者が合意した段階で、それぞれの当事者が固有に保持する情報となりうる。これによって「開示者が開示した情報」ではなく、当事者の合意に基づき「各自が原始的に取得した情報」と解することが可能である。

　したがって、価格表の内容は、取引契約が成立しなければ、開示者の秘密情報として留まるが、取引契約が成立した以上、上記条項ではこれを保護することはできないと考えておくべきであろう。

　なお、以上の考え方は、価格のみならず、その他の条件ないし契約条項自体にも当てはまる。

　それでは、取引の成立後も売主が販売価格を秘密にしておきたい場合にはどうすればよいのか。その場合、合意で秘密情報とすることは可能である（次の条項例参照）。

修正後の条項例

　開示者と受領者は、秘密保持契約及び交渉の事実・内容を秘密保持契約の定めに従い秘密として保持する。また、受領者は、開示者が提供した価格表の内容を、秘密保持契約の定めに従い秘密として保持し、取引契約成立後も引き続きこれを秘密として保持する。

　ただし、ここまで詳細に定めた条項はあまり目にしない。下の条項例（上記例文の「また」以下の一文の代替例）はしばしば目にする。

> 開示者が受領者に開示した価格表の内容は、開示者の秘密とみなす。
>
> 当事者とすれば、上記条項例の文言で十分意を尽くしている場合も多いと思われる。

3 社内調整のヒント

秘密にしたい情報が、定型的な秘密保持契約の対象となっていない可能性があることは、事業部門の現場では必ずしも意識されていないものと考えられる。知識がなければ意識も生じない。秘密保持契約のチェックポイントとして、「秘密にしたい情報は何か」という知識の共有をはかるのが第一歩であろう。

MEMO

信義則上の守秘義務

「信義則上の守秘義務」という考え方があり、秘密保持契約の有無を問わず観念することができる。次の裁判例（知財高判平 22. 7. 20 裁判所 HP）は、特許の無効事由である新規性欠如の主張（当該設計図は不特定の第三者が知りうるべき刊行物との主張）に対する判断であるが、参考になる。

「開発関係者において、公然実施される前の開発中の製品の詳細につき信義則上守秘義務を負うべきことは当然である。」「仮に第三者的な立場にあっても、公然実施されていない段階の秘密情報や図面の開示を受けた者が、信義則上守秘義務を負うのは当然のこと……」

→3 適用除外条項

> **ケース7**
> 秘密情報からの適用除外条項
>
> この度、事業提携に向けての協議を開始するにあたり、先方から秘密保持契約書案が提示された。次の条項があるが、差し支えないか。
>
> 次の各号の一に該当することを受領者が証明できる情報は、本契約の定める秘密情報として取り扱わない。
> (1) ～ (6) 〔省略〕
> (7) 官公庁から開示を求められた情報

POINT

- 開示者から開示された情報でも、一定の場合には、秘密情報から除外される。
- 除外事由は定型的なので、網羅的かどうかチェックする。
- 官公庁から求められたときの開示許容規定の性質、内容に留意する。

1 適用除外条項の意義

秘密情報の定義に該当したからといって、一定の例外が認められないと支障を来す場合が想定される。次の条項例を見てみよう。

> 第○条（秘密情報）
> 1．〔省略〕
> 2．前項にかかわらず、次の各号の一に該当することを受領者が証明できる情報は、本契約の定める秘密情報として取り扱わない。
> 　(1) 開示の時、既に公知であった情報
> 　(2) 開示後、受領者の責めに帰すべき事由によらず、公知となった情報
> 　(3) 開示の時に既に受領者が保有していた情報
> 　(4) 正当な権原を有する第三者から秘密保持義務を負うことなく入手した情報
> 　(5) 受領者が秘密情報によらずに独自に開発した情報
> 　(6) 開示者が秘密保持義務を課することなく第三者に開示した開示者の情報

　秘密保持契約は、一般的には、上記条項例で挙げた6種の適用除外を定めている。ポイントを解説する。

　①　第2項柱書の「証明できる」はどのような意味を有するものであろうか。訴訟になると、「証明責任」（「立証責任」「挙証責任」ともいう）を負う当事者は、その主張する事実を証拠により証明できないと、その事実は認められず、主張にかかる法律効果を否定する判決がなされる。

　裁判所は、両当事者の提出する証拠から自由に心証を形成することができるので（「自由心証主義」という）、当事者が契約で証明責任を合意しても拘束されない。このように「証明」の負担は、裁判所が判断するが、訴訟に至らない当事者間の交渉では有用であろう。条項のバリエーションとして、「書面で証明できる情報」と、適用除外となる情報を明確化する方法の合意をすることもある。

　②　(1)号と(2)号の「公知」は、どういう意味か。この用語を使用した当事者の合理的な意思の解釈ということになるが、参考になるのは、法令上の用語法である。「公知」の用語を採用している法令は案外少ない。

広く一般的に知られていることを意味することが多いようである。しかし、特許法に「文献公知発明」という用語があり、この場合の公知は、特許登録要件である新規性の判断に関するもので、社会一般に知られうる状態（現実に知られていなくても）を意味している。こうして考えると、本条項例の「公知」の解釈は、必ずしも明確ではない。ただし、社会一般に知られうる状態にあれば、(4) 号が適用され秘密情報から除外ができるので、「公知」を厳密に定義するまでもないであろう。

③　(2) 号の「受領者の責めに帰すべき事由によらず」というのは、当該帰責事由により公知となった場合には、受領者に引き続き当該情報について契約の定めに従った責任を負わせる趣旨である。

④　(4) 号に「権原」とあるが、しばしば「権限」との表記を目にする。両者は、似て異なる用語である。「権原」は、ある行為を正当とする法律上の原因のことをいう（例：占有権原）。ただし、当該権原が正当でない場合も法律上の原因を「権原」ということがあるところから（著113Ⅱ参照）、本号では、「正当な（権原）」を付しておく。「権限」は、機関の行為が組織の行為として効果が生じる能力をいう（部長の「権限」等）。「権限」を用いた場合は、真の権利者がいてその者との関係で開示の権能が付与されている状況が想起される（個人情報保護法2Ⅴ参照）。いずれの用語でも合意の内容は明確なので、実務的には許容範囲であろう。なお、「提供（開示）する権利を有する第三者から秘密保持義務を負うことなく適法に入手した情報」とすれば、趣旨は一層明確になる。

⑤　(6) 号の「秘密保持義務を課することなく」の文言は必要か。同一の情報が第三者から開示されたとしても、当該第三者との関係で情報が秘密とされているのに、別の契約における開示者の秘密情報が秘密でなくなるという効果が生じるのは不合理である。したがって、同号にこの文言は必要である。

2 公的機関から求められたときの秘密情報の取扱い

警察署や裁判所などから、相手方（開示者）から開示を受けた秘密情報の開示を求められることがある。強制捜査の場合は、事件に関連する多く

の資料が押収される。受領者にこのような事態が生じたときには、押収された資料の中に、開示者の秘密情報が存在する可能性も決して否定できない。このような秘密情報について、秘密情報の例外とする条項例と、対応方法について受領者に一定の義務を課する独立した条項例がある。どちらが適切であろうか。

受領者が法令や司法・行政の命令により開示を受けた秘密情報の提供を要求された場合、法律に従う限り開示することはやむを得ない。しかし、これによって当該情報が秘密情報でなくなるわけではない。法律に従い例外的に公的機関に開示が許され利用されることになるに過ぎない。したがって、秘密情報の例外と位置付けるべきではなく、第三者開示の例外とする条項を設けることが適切である。

このような事態が生じたときは、開示者としてはその旨を把握し対処できるよう受領者からの通知を求めるべきであり、また、開示についても、開示者との協議と法令上強制される最小限度の範囲の開示とする旨を定めるべきである。

ところで、どのような場合に、このような条項の適用が想定されるのであろうか。法令に基づく照会等の例は次のとおりである。

① 法令上回答等が強制されるもの、又は応じなければ罰則の適用があるもの
  ・検察・警察（検察官等）の令状による捜索、差押え、検証（刑訴218）
  ・徴税職員による質問、検査、捜索等（国税徴収法141、142、188）
  ・証券取引等監視委員会（委員会職員）の許可状による臨検、捜索、差押え（金商法211）
  ・裁判所の文書提出命令（民訴223、225）

② 法的強制力がないもの
  ・検察・警察による照会等（刑訴197Ⅱ）
  ・弁護士会の照会（弁護士法23の2）
  ・裁判所の調査嘱託、文書送付嘱託（民訴186、226）

こうしてみると、「法律上強制される」と規定する場合には、②の場合を対象外にすることができ、このような定めは、受領者の行為基準が明確になり、また、秘密情報の保護に資することになる。

3 本ケースの考え方

以上のとおり、受領した相手方の秘密情報といえども、官公庁から開示を求められたからといって、秘密でなくなるわけではない。秘密性は維持したまま一定の開示が許諾されるだけである。したがって、秘密保持義務の適用除外として、「官公庁から開示を求められた情報」を規定するのは、適切ではない。このような規定は、また、開示をした情報（媒体）を当該官公庁から返還を受けた場合（差押えを受けた媒体の返還等）は、どうなるのか明確ではない。また、法的強制力のない手続きに基づく開示請求（協力要請）を受けたに過ぎない場合は、開示者の秘密情報を提供すべきではないとすることも検討の余地がある。

官公庁から開示を求められた場合に、情報受領者の情報開示者に対する通知、開示の範囲や異議申立てに関する協議等、どれだけ真剣に開示者の秘密情報を守るかというそのレベルが問われるところである。ただし、このような事態が生じることはあまり想定されず、情報の性質として、秘密性が高くない場合には、あまり気にしなくてもよい条項ではある。

下記は本ケース（7）号の趣旨を独立の条項として設ける形に修正したものである。

修正後の条項例

甲及び乙は、国、地方公共団体、裁判所その他これらに準ずる公的機関から法令上の根拠に基づき相手方の秘密情報の開示を求められたときは、直ちに相手方に通知の上協議を行い、法令上強制される必要最小限の範囲、方法により当該機関に対し開示を行う。

→4 秘密保持期間の考え方

> **ケース8**
> 契約終了後の秘密保持期間
>
> 　相手方から提示された秘密保持契約案には、契約終了後の秘密保持期間について、次の条項がある。何が問題か。
>
> 第○条（秘密期間）
> １．本契約の期間は　　　年　　月　　日から２年間とする。
> ２．本契約に基づき開示された秘密情報は、本契約終了後も本契約条項により秘密として保護されるものとする。

POINT

- 秘密保持契約が終了したら、契約期間中に開示した秘密情報はどうなるのか明確ではない。
- 秘密保持期間は、あまり長すぎると不合理になることがある。
- 秘密保持期間が終了しても、開示者が財産的情報を留保していることを明確にする。

1 契約終了後の秘密情報の取扱い

　秘密保持契約には、通常、契約終了後も秘密保持義務は一定期間存続する旨の定めが置かれる。それでは、このような存続条項がおかれていないときは、開示された秘密情報の取扱いはどうなるのか。大きく２つの考え方があると思う。
　　A説：契約期間中に開示された以上は、契約終了後も当該秘密情報には
　　　　契約の定める秘密保持義務が引き続き適用される。

B説：契約終了により、秘密保持義務は終了し、契約期間中に無断開示等の契約違反があった場合にのみ、当該秘密情報に契約条項が適用される。

秘密保持契約終了後も、開示した情報の秘密性が継続していると認められる場合には、少なくとも信義則上の守秘義務は継続すると考えるのが妥当とは考えるが、その要件は不明確であり、紛争が生じた際の当事者の協議の基準を設定しておくのが望ましいことはいうまでもない。

ところで、秘密保持契約が終了したら、開示された秘密情報はどこに存在することになるのか。本来、受領者の元には残存させるべきではない。契約終了時には秘密情報は返還又は破棄されるべき旨の条項を定めておくべきである。それにもかかわらず、秘密情報が受領者の元に客観的認識可能なまま残っていれば、秘密保持期間の問題ではなく、返還義務違反という問題となる。そうすると、受領者の元には何も残らない……ということになりそうだが、情報に接した者の頭には、秘密情報の記憶が残存する。これは消しようもない。時の経過によって、利用不可能ないし利用の意味が失われるまで待つしかない。これが、秘密保持期間の意味である。

また、秘密情報にかかる「情報」は誰のものという観点を押さえておく必要がある。守秘義務が消滅すれば、相手方から受領した（元）秘密情報は、自由に使用してよいのか。秘密情報は財産的情報であることが多く、自由に使われるのは困ることになる。この点も次のような条項をおいて、手当てをしておく必要がある。

> 本契約に明示の定めがある場合を除き、開示者は、本契約に基づき開示する秘密情報について、何らの権利（特許権、著作権その他の知的財産権に関する権利を含む。）をも受領者に許諾しない。

契約期間中に許諾していない権利が、契約終了によって許諾されることはないので、この条項により、契約終了後も開示した情報を受領者に無断利用されることを防止することができる。

2 秘密保持期間はどのように設定するのか

以上を踏まえて、秘密保持期間をどのように設定するのか。次の裁判例が参考になる。

> 大阪地判平 20.8.28 裁判所 HP
> 「秘密保持に関する条項が本件開発委託契約終了後も5年間その効力を維持するとする趣旨は、本件開発委託契約が終了してもこれまでの開発業務の遂行に当たり蓄積された種々のノウハウ等の営業秘密に関して契約終了後も相互にその秘密を保持すべき義務を一定期間存続させ、もって上記営業秘密の保有者の利益を保護することにあると解される。」「その営業秘密に係るノウハウ等が陳腐化し、一定期間経過後は有用性や非公知性が失われる場合が多いと考えられるから、あまりに長期間にわたり当事者に秘密保持義務を負わせるのも合理性に欠けるものというべき……」
> ＊5年間は合理的とした。

秘密（媒体を含む）の返還・廃棄をきちんと行っていれば、秘密情報は接した者の頭の中に残るだけである。管理コストが増大するので、いたずらに長期とすることは現実的でない。開示する秘密の重要性、性質によって設定することになる。その際、記憶に残留した秘密情報が陳腐化ないし利用不能になる程度に記憶の消滅が期待できる程度の期間、秘密保持期間を継続させるのは合理的であり、上記5年が有効とする裁判例があることも参考になる。

3 本ケースの考え方

秘密情報に接した者の頭に残るだけとはいえ、開示予定の秘密情報の重要度、陳腐化の見込期間などを考慮して、契約終了後の秘密保持期間を設定する。また、開示情報は、開示者の情報財産であることを明示し、無断使用を牽制する但書（秘密保持期間が経過したからといって、自由な利用を認めるのが当事者の意思ではないこと）を加えた。

修正後の条項例

2．秘密情報は、本契約の終了時からさらに5年間本契約条項に従い秘密として保護されるものとする。ただし、この期間を超える場合であっても、当該秘密情報は、開示者の財産として留まるものとし、また、不正競争防止法その他の法律により保護されることを妨げない。

MEMO

残留情報（residuals）について（記憶に残留した情報の利用）

「受領者は、開示者の秘密情報に接し、又は秘密情報につき業務を行ったことにより生じた残留情報を、目的を問わず自由に使用することができる。」旨の条項を目にすることがある。

「残留情報」とは、可読が不能な情報であり、秘密情報に接することによって個人の記憶に保持されたものをいう。個人の記憶は、経験の上に成り立っているが、どこまでが秘密情報と接したことにより生じた記憶か不明瞭なことがあり、その個人が使用・提供する類似の情報がすべて秘密情報に基づくとされては、行動が過度に制約されてしまうおそれがある。したがって、上記の趣旨の条項は、一応合理的ではあるが、開示者側からすれば、受領者の記憶に残った情報といえども重要な秘密情報であることがあり、このような条項を受け入れることができる場合は限定的である。

5 秘密情報の管理方法

> **ケース9**
> **秘密保持契約の監査条項**
>
> 技術提携を検討するに際し、相手方から提示された秘密保持契約書案に次の条項がある。どうするか。
>
> 第○条（監査）
> 　開示者は、受領者による開示者の秘密情報の管理状況に関し、事前に通知をすることにより、自ら又は専門家を指名して、受領者の事業所に立ち入って監査することができるものとし、受領者は、誠実にこれに協力するものとする。

POINT

- 秘密情報の管理方法は、「目的外使用」及び「第三者開示」の禁止を担保するための制度設計となる。
- 開示・受領の際、保管・使用の際、契約終了の際に目的を達成できるかを検証する。

1 管理の要点

「目的外使用」及び「第三者開示」の禁止を担保するための制度設計となる。開示・受領の際、保管・使用の際、契約終了の際、契約終了後、及び監査・非常時等の特別の場合等に、管理の実効性が問われる。以下これらの段階に応じた管理の注意を述べる。

（1） 開示・受領の際

　秘密情報であることの認識ができるように、特定の情報（情報を格納する媒体で特定することも可能）が秘密である旨を表示するものとする。

（2） 保管・使用の際
① 　管理の基本――善管注意義務

　「受領者は、善良な管理者の注意をもって秘密情報を管理する。」との条項例を目にする。「受領者は、自己の秘密情報を管理する際に用いるのと同程度の注意をもって開示者の秘密情報を管理するものとする。ただし、当該管理にかかる注意の程度は、善良な管理者の注意を下回らないものとする。」として、受領者の秘密管理の注意レベルが高い場合には、それに合わせるようにする条項例もある。善管注意義務は、抽象的概念であり、基本的に自分のものに対する場合より注意義務のレベルは高くなるので、上記2例は、実質的には変わるところはなかろう。

② 　秘密情報にアクセスできる者を限定する。また、対象者にも守秘義務を負わせる

　「受領者は、秘密情報を知る必要のある最小限の自己の役員、従業員その他の従業者、関係会社（財務諸表等規則の定義による。）におけるこれらと同様の者、弁護士、公認会計士又はコンサルタントのみに、必要な範囲で開示するものとし、当該受領者に対して本条と同様の義務を負わせるものとする。」など、実情に合わせた情報共有先を定める。

③ 　複　製

　「受領者は、本目的のために合理的に必要な最小限度の範囲で行う場合を除き、事前の書面による開示者の承諾を得ることなく、秘密情報を複製しない。また、受領者は、秘密情報を複製した場合、当該複製につき、開示者の秘密情報である旨の表示を付し、原本と同等の保管・管理をする。」
　複製についても制限を加える。

④　管理方法の指定

「受領者は、開示の際又は開示後、開示者が特に指定する秘密情報については、開示者の指示に応じて、複製の制限・管理、保管方法、接触可能人員等の規制手段を講じなければならない。」

重要性の高い秘密情報は、管理方法を指示できるようにしておく。

次のような具体的管理方法が考えられる。

・情報の区分と表示（極秘、複製禁止等）。複製も同様
・施設管理（管理責任者、保管場所の定め等）と媒体の保管方法（持出制限、廃棄方法等）
・アクセス制限（アクセス可能な人員と当該人員の名簿の作成、パスワードの設定等物理的アクセス制限措置、アクセス記録の作成等）
・管理状況の調査（質問と回答、調査の実施等）
・第三者による生産過程等の見学の禁止等

(3)　契約終了の際

返還・破棄の定めが必要である。

> 第○条（秘密情報の返還）
> 　受領者は、本目的若しくは本契約が終了したとき又は相手方が求めたときは、秘密情報を直ちに返還又は開示者の許諾を得て廃棄するものとし、また、開示者が求めた場合には上記秘密情報を返還又は廃棄した旨の確約書を開示者に交付する。

このようにして、秘密情報は、「人間の記憶」にしか存在しないようにしておく。秘密保持義務の存続期間も本来「記憶にしか残っていない」ことが前提である。なお、「確約書」は管理上徴求すべきだが、取得しても安心できるわけではない。

ところで、前項（→4「秘密保持期間の考え方」）で秘密保持義務の継続期間の問題を取り上げたが、上記秘密情報の返還条項については、その存続期間は考える必要はあるか。同条項は、契約終了等の所定の事由が

生じたときに、所定の履行義務が生じるのであって、履行が完了しなければその義務は消滅しない。したがって、存続期間を定める意味はない。

(4) 契約終了後

本章Ⅱ⇒4「秘密保持期間の考え方」で詳述したので、これを参照されたい。

(5) 監査、非常時等の特別の場合

実効性の担保のために、受領者の秘密情報管理に関する監査がある。本ケースの条項に関するので、「**2**本ケースの考え方」で解説する。

事故時の対応であるが、受領者は、秘密情報につき、漏出、紛失、盗難、押収等の事故が発生した場合、直ちにその旨を開示者に通知し、受領者の指示に従い適切な対応をする旨の条項が必要である。

2 本ケースの考え方

立入監査は、本ケースと関連のない秘密情報の漏洩につながるおそれがあるので、一般的には受け入れがたい条項である。そこで、原案の趣旨を生かしつつ、当方にも受け入れが可能な条項に修正する。

> **修正後の条項例**
>
> 開示者は、受領者による開示者の秘密情報の管理状況に関し、随時書面による報告を求める方法により監査することができるものとし、受領者は、誠実に協力するものとする。

MEMO

差止請求

「開示当事者は、本契約の履行を求めるため、差止めによる救済を含む、あらゆる適切な救済を受ける権利を有するものとする。」という条項の趣旨は何か。

英米法人の秘密保持契約によく見られる条項である。英米法では、契約違反があった場合の原則的な賠償は金銭賠償であるが（common law の原則）、これでは不十分であるため、例外的な差止めなど衡平法（equity）上の救済を求めることができることを契約書で明示的に定める。

日本法では、契約の効力として差止請求（「目的外の開示・使用をしてはならない」という不作為を求める履行請求）ができるため、このような内容の規定は不要であるが、準拠法が日本法でも規定されている場合がある。しかし、このような規定があっても問題はない。また、「エクイティ法」「衡平法」の用語が使用されていても、合意の内容は明確なので差し支えない。

6 秘密情報と知的財産

> **ケース 10**
> 秘密保持契約における発明等の取扱条項
>
> 技術提携を検討するに際し、相手方から提示された秘密保持契約書に次の条項がある。どうするか。
>
> 第○条（発明等の取扱い）
> 　受領者は、開示者の秘密情報を参照して発明、考案、意匠又はノウハウの創作（以下「発明等」と総称する。）をした場合には、速やかに開示者に通知し、開示者と当該発明等の帰属及び取扱いを協議する。

POINT

- 秘密保持契約書の締結だけで相互に技術的情報を開示することがある。
- 開示を受けた技術的情報に基づき発明がなされることがある。
- そのような発明の取扱いについて秘密保持契約書で定める必要がある。

1 知的財産情報の開示

　製造委託契約、技術ライセンス契約、共同開発契約などの交渉段階で、秘密保持契約を締結し、相互に技術情報を開示することがある。このような場合、アイデアやノウハウといった権利性を明確に認識できない秘密情報の開示が想定されるが、秘密保持契約だけで一定の技術情報を開示するには、開示者の秘密情報を参照して受領者が発明をした場合に備えた条項を設けておく必要がある。

　秘密情報を参照したからといって、その結果としての発明が同じく開示者の秘密情報かどうかは、一概にはいえない。「技術的思想」（アイデア）

の重要な部分が同一であれば、その部分は「秘密情報」といえそうであるが、必ずしも明確ではない。

ポイントは、不正利用されないように、ⅰ）不正利用の場合の証明ができるようにしておくこと、ⅱ）先に権利化の手順を踏んでおくことであるが、より具体的には次のとおりである。

① 開示する情報は、重要な技術的情報であるか
　重要性の度合いに応じた対応となることは、リスクとコストの兼ね合いとなる。

② 開示情報の技術的特徴は何か。不正使用された場合に特定可能か
　不正利用の証明は困難ではあるが、不正利用されるとしたら、どのような特徴部分か、また、どのような資料により開示者の秘密情報であることが証明できるか。

③ 特許出願が可能であれば、開示前の申請も検討する
　受領者が開示者の秘密情報を参考にして特許等の出願をすることも想定して、予防的に自ら出願しておく方法も検討の余地はある（なお、出願しても公開前に出願を取り下げれば、ノウハウとして留まる）。

2 本ケースの考え方

　しばしば目にする条項だが、これで十分であろうか。通知、協議義務だけでは、本条違反の場合及び協議が調わなかった場合にどうするのかが明確ではない。

　また、自社の発明につき、当該秘密情報との抵触を回避するために参照することも考えられるので、「なお、上記参照には、自己の取り扱う技術につき、秘密情報との抵触を回避させるために当該秘密情報を参照する場合を含むものとする。」旨を加えることも検討の余地がある。

> **修正後の条項例**

第○条（発明等の取扱い）
1．〔冒頭の本ケース条項文を想定。省略〕
2．前項の協議における合意に基づかずに、受領者が発明等につき産業財産権の出願をした場合は、次の各号によるものとする。なお、本項は、開示者の秘密情報につき、受領者の目的外使用及び出願等による第三者への開示を認めるものと解してはならない。
(1) 発明等がもっぱら開示者の秘密情報に基づく場合、又は当該出願が受領者の秘密情報の目的外使用、秘密保持義務違反等の本契約違反を構成する場合……開示者は、その選択により、受領者に対し当該出願に係る権利の全部の移転、出願の取下げ、又は出願に係る権利の放棄を請求することができる。
(2) その他の場合……開示者は、発明等への寄与の割合に応じ、受領者に対し当該出願に係る権利の移転を請求することができる。ただし、当該権利の共有持分の割合は2分の1以上とする。

上記条項は、次のとおり、場合分けをして効果を規定した。

(1) ① 「発明等がもっぱら開示者の秘密情報に基づくとき」は、秘密保持契約違反ではないが、開示者の秘密情報にもっぱら依拠した場合である（秘密保持契約違反になる場合が多いと思うが、念のために規定する）。
　　② 「秘密情報の目的外使用、秘密保持義務違反等の本契約違反を構成するとき」
(2) (1)以外の場合。共有持分が明確ではないが、少なくとも2分の1ということで、立証の困難を軽減した。

7 別途基本契約に秘密保持条項がある場合の処理

ケース11
基本契約の秘密保持条項

秘密保持契約を締結して、新規の取引を協議していたが、今般、取引を開始することにし、取引基本契約の締結準備に入った。取引基本契約にも秘密保持条項があるが、秘密保持契約との関係はどうなるのか。どうすればよいのか。

POINT

- 基本契約書に秘密保持条項があるが、従前、秘密保持契約書を締結している場合は、両者の調整が必要となる。
- より詳細な秘密保持契約書の効力を継続させる方法がある。
- 並列させて優先関係を明確にしておけばよい。

1 問題の所在

当事者として、秘密保持義務として何を定めたいのかということである。優先関係を定めない場合、当事者の合理的な意思として、①本契約の条項で規律される、又は②本契約の条項が優先するが、別秘密保持契約の条項は補充的に適用される、の2通りあるが、判然としない。また、当該秘密保持契約に期間が定められていれば、期間満了により終了し、本契約の秘密保持条項には影響しないということになろう。

しかし、秘密保持契約の内容が、本契約の秘密保持条項より詳細な場合が多いのが一般的である。そこで、その場合、秘密保持契約を、本契約の期間中有効として、本契約の秘密保持条項に優先する定めをおくのが有益である。

2 本ケースの考え方

独立した秘密保持契約に契約期間が定めてあれば、取引基本契約に別途秘密保持条項がある以上、秘密保持契約は終了し、秘密保持条項により規律されるとするのが、当事者の通常の意思であろう。そうすると、秘密の保護が弱まる可能性があるので、実態に応じて、秘密保持契約を生かすのか、適用は全部か一部かなど、検証が必要になる。

修正後の条項例

〈取引基本契約の場合〉
第○条（秘密保持）
　甲と乙の間で別途秘密保持契約を締結している場合、本条において定めのない事項及び本条に抵触する事項は、同秘密保持契約の定めに従う。この場合、上記秘密保持契約の有効期間は、本契約の契約期間に従うものとする。

8 開示情報の正確性の保証

> **ケース12**
> 秘密情報の正確性等の保証条項
>
> 事業提携の検討に際し、先方から提示された秘密保持契約書案に次の条項がある。受け入れてよいものか。
>
> 本契約に基づき開示されるすべての秘密情報は、「現状のまま」提供され、開示者は、秘密情報の正確性及び利用可能性に関する保証を含む、本契約に従った秘密情報に関する一切の保証を行わない。

POINT

- 正確性の非保証にかかわらず、信義則上の適正な情報提供義務が認められることがある。
- 情報の保証には、正確性だけではなく、開示の権利を有することを対象とする場合がある。
- 秘密保持契約では正確性の保証を求めなくとも、後日取引契約の際に一定の開示情報の正確性を表明保証の対象とする場合がある。

1 正確性の保証の意義

秘密保持契約は、何らかの取引契約の準備段階のものであって、情報の利用も限定的であり、また、情報に対価を支払うものではない。したがって、開示情報に正確性の保証まではできないとして、本ケースのような非保証の条項を設けることがある。

しかし、受領者側では、情報の正確性が担保できないと、取引検討ができないため、秘密情報の正確性が重要となる場合も想定される（後記**2**③等）。

また、このような要請のほか、他社の秘密情報が開示者の秘密情報に混在して開示される危険があるときなどに、正確性、オリジナリティ等を保証させる必要が生じることもある。
　ところで、非保証条項は、額面どおりの効果が生じるものであろうか。提供した重要な情報に誤りがあり、秘密保持契約の趣旨を損なうような場合には、信義則に基づく適正な情報の提供義務違反として、非保証、免責条項が適用されないとする次の裁判例がある。

> 東京地判平 15.1.17 判時 1823・82「第一火災海上事件」
> 　財務内容に関する虚偽の情報の提供が不法行為になるとされた事例であるが、「被開示者は、被開示者における本件取引検討の目的のために開示者より情報提供を受けることにより、何らの法的権利も取得せず、また、その情報の正確性について保証を受けるものでもなく、被開示者がこれらの情報により万が一何らかの被害を被っても、開示者にその責任を追及しません。」とする条項の効力が争われた。
> 　裁判所は、「……重大な結果を伴う基金拠出に際して、……重要な財務情報を開示する場合には、信義則上、できる限り適正な情報を提供すべき義務がある」とし、免責条項は適用しなかった。

　すなわち、情報の正確性の非保証、免責条項は、信義則の適用により排除されることがあり、この法理は、正確性の保証条項がない場合にも当てはまる。

2 本ケースの考え方

　次の3つのポイントから、条項の修正案を考える。
① 重要な財務情報を開示する場合は、信義則上、できる限り適正な情報を提供すべき義務があるので、非保証条項を受け入れてもよいか。
② 情報の正確性までの保証は求めなくとも、第三者の秘密情報が混在しないようにする必要があるか。
③ DD（デューディリジェンス）の場合、株式譲渡契約書において、

開示情報は重要な点において誤りがない旨の表明保証を付するので、それと同じような取扱いができるかどうか。

> **修正後の条項例**
>
> ① 情報の正確性までの保証は求めなくとも、第三者の秘密情報が混在しないようにしたい場合の条項例は次のとおりである。
>
> 開示者は、開示する情報につき、開示権原を有することを保証する。
> ＊ここは「権原」である。「開示権原」は、「開示する正当な権利」としてもよい。
>
> ② 開示する情報の正確性について、法的義務を定めずに、対応の方向性を示す中間的処理の仕方がある。
>
> 開示者は、開示する秘密情報につき、その知る限りにおいて正確性を期するが、正確であることを保証するものではない。
> 開示者は、開示する秘密情報につき、重要な誤りがないよう適正な情報開示に留意するが、正確であることを保証するものではない。
>
> ただし、受領者には、一定の信頼が生じるので、②の中間的処理では開示者には、説明義務違反、注意義務違反等の法的責任が生じやすくなる可能性はある。

3 社内調整のヒント

秘密保持契約の条項をめぐってのやりとりは、ビジネスのスタートを遅らせることになりかねないので、リスクが少ないと判断すれば、本ケースのような条項を受け入れることは十分考えられる。上記2の観点から、情報の正確性については、若干曖昧でも取引開始を判断するには十分と判断できれば、非保証でも差し支えない。

Ⅲ ソフトウェアライセンス契約

⇨1 「利用許諾」と「使用許諾」

> **ケース 13**
> **ライセンス契約における利用許諾条項**
>
> 当社（乙）は、自社製品に組み込むソフトウェアの権利者である相手方（甲）から利用の許諾を受けるに際し、ライセンス契約書案が送られてきたが、次の条項がある。注意を要する点は何か。
>
> 第○条（利用許諾）
> 1．甲は、乙に対し、本契約の各条項に従うことを条件に、本ソフトウェアに関し、日本国内における譲渡不能かつ非独占的な利用権を許諾する。
> 2．乙は、日本国内において自ら本ソフトウェアの複製その他の利用を自由に行うことができる。

POINT

- 知的財産権の種類に応じ、ライセンス（許諾）の対象となる行為態様は「実施」「利用」「使用」等がある。
- ソフトウェアの利用には、特許権と著作権の双方からの検討が必要となる。
- 「利用許諾」と「使用許諾」は異なる。

1 ソフトウェアの権利性

　コンピューター・ソフトウェアは、特許権と著作権の双方の権利の対象となる。

　特許権は、「発明」（自然法則を利用した技術的思想の創作のうち高度のもの）が対象であり（特2Ⅰ、29Ⅰ）、登録によって排他的に権利が生じる。そして、特許権者は、業として特許を実施する権利を専有する（特68）。「実施」は広い概念であり、特許にかかる物の生産・製造、使用、譲渡、貸渡し、輸入、輸出等をすること（生産方法を使用すること、及びその方法により生産した物の使用等を含む）をいう（特2Ⅲ）。すなわち、特許権の付与されているソフトウェアを業として使用する場合には、特許権者の許諾が必要となる（なお、個人的な使用は「業として」ではない）。

　著作権は、「著作物」（思想又は感情を創作的に表現したものであつて、文芸、学術、美術又は音楽の範囲に属するもの）（著2Ⅰ①）が対象である。無方式で成立し、登録は不要である。著作権者は、著作物の一定の利用権（複製等）を専有する（著21等）。しかし、著作権者は「使用」する権利を専有してはいない。著作権法は、違法コピーを知って使用するなど特別の使用を「侵害とみなす行為」として著作権侵害としているが（著113Ⅱ）、通常の著作物の使用を規制するものではない。著作権の対象となるのは、複製、公衆送信等著作権法に基づく著作物の「利用」である。

　このようにソフトウェアは、特許権と著作権という別個の権利が成立する可能性があるので、双方の観点から検討する必要がある。

2 ライセンス（許諾）の意義

　特許権者は、他人に対し、特許にかかる物の「実施を許諾」することができる。「実施」といっても生産、使用、譲渡などが広く含まれるので、許諾に際しては、利用方法、利用条件を合意することになる（特78）。なお、特許権の場合は、専用実施権といって、専用実施権者が独占的に実施できる排他的な権利を設定することもできる（特77）。

　著作権者は、他人に対し、その著作物の「利用を許諾」することができ

る（著63Ⅰ）。そして、許諾を得た者は、その許諾に係る利用方法及び条件の範囲内において、その許諾に係る著作物を利用することができる（著63Ⅱ）。すなわち、著作物であるソフトウェアのライセンスは、「利用の許諾」である。

　ソフトウェアは、その成立している権利に応じて、どのような内容のライセンスを許諾するかを決定することになる。

3 ライセンスの形態

　ライセンスは、権利（特に知的財産権）に基づき、一定の行為を相手方に許諾することであるが、ライセンサー（実施許諾者）の有する権利の性質によって、どのような行為を許諾することができるのか整理が必要である。

　ライセンスが必要な場合には、権利者が第三者の利用等に対し、法律上異議を述べることができる権利を有するときのほか、利用等をするためにはライセンサーから情報を入手しなければならないときなどがある。

(1)「実施」「利用」「使用」の用語——権利者の有する権利
① 　特許、実用新案、意匠の場合は「実施」

　「実施」とは、特許、実用新案、意匠にかかる物の生産・製造、使用、譲渡、貸渡し、輸入、輸出等をすることをいう（特許の場合は生産方法を使用すること及びその方法により生産した物の使用等を含む。特2Ⅲ、実用新案2Ⅲ、意匠2Ⅲ）。すなわち、特許権者、実用新案権者、意匠権者は、業として特許、実用新案、意匠を実施する権利を専有するため（特68、実用新案16、意匠23）、権利者以外の者が業として実施するためには、権利者の許諾が必要となる。

② 　商標の場合は「使用」

　「使用」とは、その性質により定まる用法に従って使うことをいうが、商標法は、商標権者は登録商標の「使用」をする権利を専有するものとする（商標25）。

③　著作物の場合は「利用」

「利用」とは、複製権、譲渡権、貸与権、翻訳・翻案権等、著作権法21条ないし28条の対象となる行為をいう（ただし、同法に定義はなく異論があり得る）。なお、著作権法の「使用」は著作物を使用することであるが（ソフトウェアを実行する、音楽を聞くなど）、著作権法は「使用」を規制する法律ではない（ただし、一定の「使用」が著作権侵害とみなされる場合がある。著113Ⅱ）。

(2) 「設定」「許諾」の用語
① 「設定」：特許権、実用新案権、意匠権について専用実施権を、商標権について専用使用権を与える場合に用いられる。なお、権利自体の付与も「設定」という（「特許権は、設定の登録によって発生する。」（特66Ⅰ）。（実用新案権（実用新案法14Ⅰ）、意匠権（意匠法20Ⅰ）、商標権（商標法18Ⅰ）も同旨））。
② 「許諾」：特許権、実用新案権、意匠権について通常実施権を、商標権について通常使用権を与える場合、著作権について著作物の利用を認める場合に用いられる。

4 本ケースの考え方

本ケースは、ライセンサーがライセンシー（実施権者）に対しソフトウェアの複製等の一定の利用を許諾し、ライセンシーが自己の名義でユーザー（最終使用者）にさらに一定の利用を許諾することを目的としている。

ここでの許諾の対象行為は「利用」である。特許権が成立しているソフトウェアであれば、「業として実施」する行為を許諾し、「実施」には「使用」も含まれるが、契約書に「利用」と定めれば、特に特許法の用語法（「実施」）にこだわる必要はない。特許が明示されていなくとも、契約で定めた範囲内の一切の利用、使用ができるとするのが当事者の意思である。しかし、本ケースの条項第2項の「日本国内において自ら本ソフトウェアの複製その他の利用を自由に行う」であるが、特許権の場合、「実施」に「輸出」が含まれるので、輸出をしたいのであれば、「利用」だけではなく、「実

施（又は特定の実施形態である輸出）」を加えて明確化しておくのがよい。

> **修正後の条項例**
>
> 2．乙は、日本国内において自ら本ソフトウェアの複製その他の利用をし、また、本ソフトウェアを組み込んだ乙製品の輸出を自己の責任において行うことができる。
>
> ＊「自己の責任において」は、ソフトウェアの輸出は、輸出規制の対象となる可能性があるので、あくまでも乙の責任として、「乙が輸出可能であることを甲が黙示的に保証した」という解釈を回避するために加えた。甲の立場からもこの点についての意識は必要である。

2 再許諾と再販売

> **ケース14**
> **パッケージソフトの販売形態**
>
> 当社は、親会社が作成し権利を有するソフトウェアを、総代理店として販売店に販売することを計画している。販売の形態は、パッケージソフト（ウェア）とライセンス証書の販売である。当社と販売店との間の契約は、売買契約なのかライセンス（再許諾）契約なのか。

POINT

- ライセンスには、再許諾と再販売の二種類がある。
- 再許諾は、許諾を受けた権利を自己の責任でさらに許諾するものである。
- 再販売は、権利を利用できる地位を販売するものであって、権利の許諾は、原権利者とユーザーの間で成り立つ。
- 使用許諾契約（EULA：ユーラ）は、「使用」を許諾するだけのものではない。

1 二種類の契約パターン

(1) 再許諾方式と再販売方式

ライセンサー（原権利者）が中間者（ライセンシー、販売店）を通してユーザーにソフトウェアを使用させる契約には、二種類のパターンがある。

① 再許諾方式

ライセンサーがライセンシーに対し対象ソフトウェアの利用に関する一定の許諾をし、ライセンシーがユーザーに対して、サブ・ライセンサーとしてさらに一定の許諾をする。

ライセンシーが自社の製品に組み込んで全体を自社製品として販売するための複製・改変権とユーザーに対する再許諾権を認める形式のものである。

　この場合は、ライセンシーがユーザーに対し契約当事者として使用許諾契約（実務では「ユーラ」と略称することがある。EULA：End User License Agreement. 以下「ユーラ」ということがある）を提供する。この使用許諾契約書では、ライセンサーにユーザーからの責任追及がなされないように内容を定めることになる。ユーラについては後述する。

② 再販売方式

　中間者が販売したソフトウェアについて、ライセンサーがユーザーに対し、直接ソフトウェアの使用を許諾する。この中でも２つの形態が考えられる。ⅰ）パッケージソフトやライセンス証書を販売する場合と、ⅱ）ライセンシーがライセンサーのソフトウェアを自己の製品に組み込むが、当該部分は独立のソフトウェアとして、ライセンサーとユーザー間の直接の使用許諾契約となる場合（オープンソースの組込みも同じパターン）である。

　いずれの場合も当該ソフトウェアについてはライセンサーが直接ユーザーにユーラを提供するが、それでは販売店が販売するものは何であろうか。それは、「ソフトウェアの複製物（コピー）」（物）と「ユーラによってライセンスを受けることができる（ライセンサーとユーザー間でユーラを締結できる）地位」（権利）である。なお、ソフトウェアのコピーが有体物であって所有権が観念できることは、著作権法が「プログラムの著作物の複製物の所有者」（著47の３Ⅰ）と表現していることからも窺える。

　再販売方式は、ライセンサーが設定した権利（契約を締結できる地位）の販売を含むので、販売店は販売権の許諾を受けたライセンシーともいえそうであるが、上記ⅰ）の場合は、販売店契約に基づき買い受けたパッケージソフト等を再販売するものに過ぎず、権利の許諾とはいい得ないので、「ライセンシー」ではなく「販売店」の用語がふさわしいであろう。上記ⅱ）は、ライセンスを受けて、自社製品に組み込む際に複製、改変等、権利者

でなければできない利用を行うので、中間者は、単なる販売店ではなく、ライセンサーに対するライセンシーといえよう。

(2) 使用許諾契約の仕組み

　使用許諾契約の仕組みを述べておく。なぜ、ユーザーはライセンサーとの間において、ライセンサー指定の使用許諾契約に同意しないとソフトウェアを使用できないのであろうか。

　著作権法は、「プログラムの著作物の複製物の所有者による複製等」についての規定をおく（著47の3）。同条1項本文は「プログラムの著作物の複製物の所有者（注：ユーザー）は、自ら当該著作物を電子計算機において実行するために必要と認められる限度において、当該著作物を複製することができる。」と定める。

　すなわち、ユーザーは、ソフトウェア（複製物）を購入すれば、「使用」の許諾を受けるまでもなく、コンピューターにインストール（複製）をして使用することができるのである。特許の成立しているソフトウェアであっても対価を支払って複製物を取得したのであれば、その「業として」の使用は可能である。

　しかし、著作権法で定める「必要と認められる限度の複製」に該当するかどうかは法的評価であり、現実には、ライセンサーがユーザーに許諾する権利の範囲をユーラでもって明確にすることには合理性があるといえよう。その限度で、ユーラは単に「使用」を許諾したものではなく、著作権法で定める複製等の著作物の利用を、その範囲を明示することによって、許諾したものということもできよう。

　ただし、ユーラの主な役割は、ソフトウェアをインストールして使用するコンピューター数の制限、ライセンサーの責任制限、保証の制限、リバースエンジニアリング（製品を解体・分解して、製品の仕組みや構成部品、技術要素等を分析する手法）の制限などライセンサーに有利な定めをおくことであるが、使用方法も多様な不特定多数のユーザーが使用することが想定されている以上ライセンサーのリスクは大きく、ユーラの上記制限はビジネス上やむを得ないところである（リスクを見積もることができれば、

価格も適切に設定でき、ユーザーの利益にもつながる）。

なお、ユーラに品質保証責任の特約が定められていることが多い。民法は、売買の品質等に関する担保責任を他の有償契約に準用している（民559）ので、範囲、期間等の制限をするのであれば、ユーラに明記しておく必要がある。

2 本ケースの考え方

　ソフトウェアの権利者ではない者が、他者にソフトウェアを利用させることができる契約形態は、再販売（売買）と再許諾がある。販売は、原権利者とソフトウェアの利用契約を締結できる地位の売買（ライセンス証書も同じ）である。ユーラは、原権利者とユーザーの間で成立する。再許諾は、権利者から許諾を受けた者が、その許諾の範囲内で、自らの責任でさらに許諾を行うものであって、ユーラは、再許諾者が許諾当事者となる。

　したがって、当社が、パッケージソフトとライセンス証書を販売するだけであれば、原権利者から何らかの知的財産権にかかる権利許諾を受けているわけではなく、販売店に対しても同様に権利を許諾するわけではない（ユーラを締結できる契約上の地位の売買は、権利の売買とはいえるが知的財産権の許諾ではない）。

Ⅳ システム開発契約

→1 業務委託契約と「請負」「準委任」

> **ケース 15**
> 請負と準委任の区別
>
> システム開発には、ユーザー（委託者）の業務内容の洗い出しからシステム完成、その後の運用まで多くのプロセスが関係してくるが、時々の業務において、請負なのか準委任なのかどのように区別できるのか。また、その区別の実益は何か。

POINT

- 業務委託契約は、「請負」と「準委任」のいずれの性質の業務を対象としているのかによって、法的効果は異なる。
- 請負は、仕事の完成を目的とし、それに対して対価を支払う。
- 準委任は、業務の遂行自体に対価を支払う。
- 準委任でも成果に対して報酬を支払うものは、その報酬について請負の規律を適用する。

1 業務委託契約の法的性質

(1)「請負」と「準委任」

　「システム開発契約」は、コンピューター・システムにかかる開発業務

の委託契約である。業務委託契約は、合意の内容により当事者間の法的関係が規律されるが、多くの場合、「請負」又は「準委任」の性質を有するため（複合的な場合もある）、これらについての民法の規定が補充的に適用される。まず、請負と準委任の違いを見よう。
① 請負：当事者の一方（請負人）がある仕事を完成することを約し、相手方（注文者）がその仕事の結果に対してその報酬を支払うことを約すること（民632）。
② 準委任：当事者の一方（委任者）が法律行為でない事務の処理を相手方（受任者）に委託すること（民656、643）。

契約書の題名にかかわらず、契約の具体的な内容から、請負か準委任かを判断することになるが、両者の法的効果は、次の①と②のように大きく異なる。ただし、新法は、成果に対して報酬を支払う委任契約を規定し、請負と同様の規律を適用している（新民648の2）。これを③で述べる。
① 請負：仕事の完成（結果）が目的であり、仕事の完成に責任を負う。
・完成しないと報酬請求権は生じない。
・完成・引渡後は、品質につき契約内容不適合責任を負う。
・完成できればいいので下請（再委託）が可能。
・サービス（役務）でも、修理業務のように「仕事の完成」（結果）を目的とする場合は「請負」となる。
・注文者は、仕事を完成しない間はいつでも損害を賠償して解除ができる（民641）。
② 準委任：業務の遂行（行為）が目的であり、完成は観念されない。
・完成が観念できないので、業務の遂行があれば報酬請求権は生じる（新民648Ⅲ）。
・事務の処理に善管注意義務を負う。善良な管理者の注意は、契約その他の債権の発生原因及び取引上の社会通念に照らして定まる（新民400）。
・信頼関係に基づいているので復委任（再委託）は原則禁止（新民644の2Ⅰ）。

・当事者はいつでも解除ができる（民651Ⅰ。不利な時期等の解除は損害賠償 新民651Ⅱ）。

請負は、仕事の完成を目的としているため、完成していなければ報酬の支払いは生じない。準委任は、善良な管理者の注意をもって、委託事務を遂行すればよい。請負は結果がすべてであるが、準委任は注意義務を果たして業務を遂行していれば、結果は問われない。

③ 成果に対して報酬を支払う準委任：試作品の製作、委託者の提供する資料に基づく数理計算など、委託事務の履行により得られる成果に対して報酬を支払う準委任契約がある。「成果」は、「仕事の完成」とは異なるが、区別がつきにくい。この場合、「委任」と「請負」は、前者は結果自体に責任を問われないという性質を有するが、効果は近接しており、報酬に関しては、同様に規律するのが合理的である。そこで、新民法は、成果の引渡しと報酬の支払いに同時履行の原則を適用し（新民648の2Ⅰ）、また、可分の部分の引渡しにより委託者が利益を受ける一定の場合に、割合に応じた報酬が生じるとした（同Ⅱ）。

(2) 請負と準委任の区分基準

業務委託の性質が問題となった裁判例がある。コンピューター・プログラム作成委託契約を締結したが、プログラムが完成しないまま頓挫したため、受託者（原告）が当該契約は準委任契約であるとして、作業を行った分の費用の支払いを求めたのに対し、委託者（被告）が当該契約は請負契約であるとして、既払い金の返還を求める反訴を提起した事案である。

> 東京地判平3.2.22 判タ770・218
> 裁判所は、「工程表は、原告が、……プログラムを完成する義務を負っていることを前提として、その完成までのスケジュールを記載したものであることが認められ……、これによれば、逆に、原告が契約上プログラムの完成義務を負っていた」として、プログラムを完成できなかった受託者の代金請求を棄却し、委託者の既払い金の返還請求を認めた。

ここでは、工程表の内容から「完成」を目的としていることを認定している。作業分の報酬請求のためには、完成を目的としないこと（ゴールはあるにせよ）を明確にし、業務の遂行に応じた報酬を支払うとするものでなければならない。

次の裁判例（瞬間冷却剤の製作についての事例）は、システム開発ではないが、請負と準委任の区分基準の考え方は参考になる。

東京高判昭 57. 11. 29 判タ 489・62

「一般に、生産者が……商品を大量生産しこれを販売業者に供給する場合において、その商品の使用目的や大まかな規格のみを定めて製作を受注した場合は、でき上った製品が果して契約の本旨に従ったものであるか否かについて争いを生ずる虞があり、注文者にとっても、製作者にとっても甚だリスクが大きいことが明らかである。それ故この種の契約をするに当っては、(1) 注文者においてその能力がある場合には詳細な設計、仕様、工作方法等を定めて、これによって製作を依頼し、(2) 注文者にその能力がない場合には、まず製作者において注文者から当該商品の使用目的や大まかな規格等を聞いたうえ、注文者が満足するまで試作を重ねたうえ、注文者が満足した段階で、当該試作品の設計仕様、工作方法に基づく商品製作の注文を受けることとなるのが通常であると考えられる。（上記）(1) の方法によるときは当該契約はおおむね請負契約的性格を有するものであり、(2) の方法によるときは設計仕様等の確定に至る段階は準委任契約（有償のこともあれば、無償のこともあるのはもちろんである。）であり、設計仕様等の確定以後は、両者の関係は請負契約のそれである。

本件……契約は、……少くとも最初の５万個については請負契約として合意されたものではなくて、準委任契約として成立したものであると解するのが相当であり、（製作者は）商品の使用目的に照らし何らの瑕疵のない物件を製作供給する義務を負担するものではなく、善良なる管理者の注意義務を用い、できる限り（上記）目的に副った物件を試作供給する義務を負うに過ぎないというべきである。」

すなわち、仕様確定のための試作は「完成」を目的とするものではなく

準委任となる。システム開発においても仕様を検討作成する作業があるが、大型案件であれば、このような作業は、コンサルティングを目的とする準委任契約によることになる。

2 本ケースの考え方

　以上のように、「仕事の完成」が観念できるかどうかが「請負」か「準委任」かの分かれ目となる。システム開発では、仕様書作成に際してのコンサルティング業務が行われることがある。これは、「完成」が観念できないので、準委任である。このコンサルティングによって、当初仕様書が作成されるわけであるが、これに基づくシステム構築は、完成が観念できるので請負となる。しかし、注文主自らが仕様を作成して構築するシステムに、作業者の一員として参加するような場合は、その業務自体に完成は観念できないので準委任となる。システム構築後の保守については、内容にもよるが、操作や効率的な利用の助言であれば、準委任となる。

　請負か準委任かを区別する実益は、完成しなければ報酬が生じないか（請負）、作業をすれば報酬が生じるのか（準委任）という点が、実務的には大きい。また、事後的には、契約内容不適合責任を問われるのか（請負）、善管注意義務をもって業務を遂行したので結果は問われないのか（準委任）は、紛争のポイントとなりやすい。

MEMO

委任と成果

　新民法は、委任契約に「成果に対する報酬」を規定した。「成果」は、「仕事の完成」を体現するものではないが、遂行した作業の結果は想定できる（試作品、計算結果、報告書など）。民法は、受任者に対し、事務処理の状況の報告、委任終了後の経過・結果の報告を義務づけており（民645）、これらが「成果」とされることも多いと考えられる。

→2 システム開発契約のポイント

> **ケース 16**
> 仕様変更等の条項
>
> 当社(受託者/ベンダー)は、システム開発を業として行っているが、システム開発契約書ひな形に次の条項がある。ひな形改訂に際して、変更の必要はあるか。
>
> 第○条(仕様の変更等)
> 1．ユーザー及びベンダーは、本契約成立後、次の各号の一に該当するときは相手方の同意を得て、仕様を変更(機能の追加を含む。以下同じ。)することができる。
>   (1) ユーザーの要望その他仕様の変更を行う必要が生じたとき
>   (2) ベンダーが仕様書に定められた機能を下回らない範囲で、他の合理的な仕様又は方式を発見したとき
> 2．前項による仕様の変更その他の事情により、成果物の納入期日、代金の額、支払方法等について変更の必要を生じたときは、ユーザー及びベンダーは、合意によりこれらの内容を変更することができる。

POINT

- 仕様変更に関するトラブルは多い。
- 当初料金の範囲内か追加料金になるかは明確にしておく。
- 仕様変更の手順は、契約書で具体的に明確にしておく。

1 仕様と契約の内容

　システム開発契約でしばしば見られるのは、仕様をめぐってのトラブルである。当初契約の仕様の範囲、仕様の追加・変更が当初契約の料金の範囲内か、仕様が決まらない場合の責任はどちらにあるのかなどの問題がある。

　契約における対象システムは、その詳細な仕様まで決定していないことも多いのではないかと推察されるが、システム開発の目的があるのだから、それに応じた重要な部分の仕様は定まっている必要がある。なお、この仕様を策定すること自体が、別途、業務委託契約の対象となることもある。

　対象となるシステムの内容は、合意で定める。定まっていない細部については、契約の趣旨に応じ、委託者の意向を踏まえながら、受託者の専門家としての合理的な裁量により確定していくことになる。このプロセスが、後に解説する受託者（ベンダー）のプロジェクト・マネジメント義務と委託者（ユーザー）の協力義務にかかわってくる。

　契約の対象となる、すなわち請負の完成義務を負うシステムの内容について次の裁判例がある。

> 東京地判平 16.3.10 判タ 1211・129
> 　被告は、電算システム開発契約の締結に当たり、契約締結に先立ち、電算システム提案書を提出し、その内容に基づくシステム開発を提案し、これを了承した原告と電算システム開発契約を締結したものであるから、電算システム提案書は、契約書と一体を成す……。したがって、被告は、電算システム開発契約の契約書及びこれと一体を成す提案書に従って、システムを構築し、納入期限までに電算システムを完成させるべき債務を負っていた。

　当事者の意思の解釈から当然のことではあるが、形式的に契約書に添付されなくても契約書と一体を成すものと認められる書面の内容は、契約の内容を構成する。

若干法律論からはずれるが、トラブル事案を見てきた中で、認識のギャップを避けるためにはどのような点に注意すればよかったのかポイントを述べる。

① ユーザーの目的は何かを具体的に明確化すること
　システムによって何を達成したいのかの基本的目的の枠組みを明確にし、課題を具体的に設定し、開発の方向性がぶれないようにする。そのためには、ユーザー社内のイメージを具体化して一致させる。ベンダーから見ても、他社の業務内容・プロセス・考え方は、具体的に記述をしないと理解は困難である。また、ユーザー社内でさえ、マネジメントレベル、関係部署などで有するイメージが現場のイメージと往々にして異なる。役割に応じて有するイメージが異なるのは当然ともいえるが、最初にイメージを具体的に課題化しその共有化をはからないと、この相違は、開発が進むにつれて、何が解決すべき課題かという点とその解決方法をめぐって顕在化し、問題が生じる原因となる。現場はどうしてもミクロで考えてしまう傾向があることにも留意しなければならない。マネジメントレベルでは、重点は自らの経営判断の際の有用性、スピードにおかれ「これができないと意味はない」「前のシステムと変わらないではないか」ということになりかねない。

② 期待する機能・効果と予算の範囲でできること・できないことを枠組みとして明確化すること
　ユーザーはシステム開発プロジェクトの経験がないと課題解決に過大な期待を抱きがちである。予算、時間、作業方法の制約の中で何ができて、何ができないかを明確にして認識を共有化することが重要である。処理するデータ量の限界、データ処理のスピード、想定していた機能の欠如などについては、往々にして期待にはずれることも想定され、その結果、ユーザー側に大きな不満を生じさせかねない。「いくらで何ができる」を最初から具体的に了解事項としておかないと、相互の思い違いによるトラブルが生じる原因となる。

③　具体的な課題の特定、解決手段・方法、工程を確定的に明示すること
　新たに解決すべき課題が生じると、仕様変更が生じる。初期の段階で、具体的な課題の特定、その解決手段・方法、工程を確定しておく。そしてその後は仕様の追加・変更が不可能ないし可能でも追加費用が生じることを書面でユーザーに正式に（また、必要に応じベンダー及びユーザーの関係箇所複数にメールで）伝える。現場で事実上ユーザーの求めに応じて仕様を追加・変更をするのは、基本的に好ましくない。委託者と受託者は、組織として契約に従って対応すべきである。作業中に仕様を確定させる場合は、受託者は、議事録、作業日報を作成し、委託者に送付・送信しておく。また、当初の料金の見積り又は工程の前提事項に重要な変更が生じる場合には、事前に委託者に通知し承認を求める。

④　作業の区切りごとに相互の確認を行う
　ベンダーとユーザーが誤解、誤認識を生じる機会が多いことを意識し、相互のコミュニケーションを怠らないようにしたい。

2 仕様変更に伴う問題

　仕様変更（機能の追加、変更）には、追加料金の発生、スケジュール変更、不具合増加の可能性などの問題が伴う。仕様変更をめぐるトラブルは数多い。契約書ベースでは、仕様変更の扱いについて、手続きを明確にしておく必要があり、また、契約履行に際し、現場がこの手続きを遵守する体制を構築整備しておく必要がある。
　まず、仕様は初期の段階で固める。そうしないと、変更か否かの基準が定まらない。また、いつまでもユーザーの要求が固まらないと、スケジュールの遅れ、品質低下（余裕がなくなる）にもつながる。機能の重要性に応じ、優先度の段階に分けて、枠組み、方向性を設定して作業をしていくことも考えられる。
　契約書には、実情に応じたプロセスを想定して、手順を規定することになる。

3 権利処理

システム開発契約では、システムにかかる権利の処理が大きなポイントの1つとなるが、これについては、第2章Ⅳ➡1「知的財産に関する処理条項」及び➡2「特許権、著作権に関する処理条項」に詳説したのでこれを参照されたい。

4 本ケースの考え方

権限者の署名・記名押印のある書面（他にデータの議事録を双方で承認などの方法）によらなければ、仕様変更にならず、追加料金が生じないことを明確化しておくことが望まれる。

修正後の条項例

第3項として、次の条項を加える。

3．前2項の同意又は合意は、当事者において権限のある者の署名又は記名押印のある書面によらなければ、効力は生じないものとする。
＊「前2項」は、第1項・第2項を指す。

5 社内調整のヒント

ベンダーとユーザーのコミュニケーションが円滑であり、また、ベンダーのシステム構築能力に問題がなければトラブルは生じない。契約書の条項は、コミュニケーションの支柱であり、現場は常に契約書の条項に従ったプロセスを確認できるようにしておく必要がある。

3 プロジェクト・マネジメント義務

> **ケース 17**
> プロジェクト・マネジメント義務の条項
>
> 当社(受託者/ベンダー)は、この度、経理財務システムの開発業務を受注した。締結したシステム開発契約に次の条項がある。ベンダーとしては、何を注意しなければならないのか。
>
> 第○条(役割分担・協力)
> 　ベンダーとユーザーは、委託業務の円滑かつ適切な遂行のためには、ユーザーによるシステム仕様書の早期かつ明確な確定、ベンダーによるプログラム開発に関する技術・知識の適切な提供、各自の分担作業の遅滞のない実施及び双方の意思疎通を背景とした共同作業の遂行が契約の重要な要素であることを認識し、相互に協力して委託業務を遂行する。また、ベンダーとユーザーは、自らが行うべき共同作業に対する協力及び分担作業の遅滞又は不実施につき相手方に対し責任を負う。

POINT

- システム開発では、ベンダーにはプロジェクト・マネジメント義務が生じる。
- ベンダーは、システム開発の専門家として、開発作業が円滑に進むようにユーザーに働きかける義務がある。
- プロジェクト・マネジメント義務違反は、債務不履行となる。

1 ベンダーのプロジェクト・マネジメント義務

　システム開発は、ユーザー(委託者)とベンダー(受託者)の共同作業

である。ベンダーに求められるのは、専門家の知見とかかる立場に基づく共同作業の円滑化であり、プロジェクトを適切にマネジメントすることである。具体的な義務違反の形態は、裁判例を見るとわかりやすい。

① まず、原告（ユーザー）が被告（ベンダー）に構築を委託したシステムにつき、原告が債務不履行を原因として、開発契約を解除し委託料の返還等を求めた事案である（ただし、債務不履行は否定）。

> （前記）東京地判平16.3.10
> 　裁判所はプロジェクト・マネジメント義務につき次のように判示する。
> 　「被告は、システム開発の専門業者として、自らが有する高度の専門的知識と経験に基づき、（契約書及びシステム提案書）に記載されたシステムを構築し、……納入期限までに、本件電算システムを完成させるべき債務を負っていたものである。
> 　したがって、被告は、……常に進捗状況を管理し、開発作業を阻害する要因の発見に努め、これに適切に対処すべき義務を負う……。そして、システム開発は注文者と打合せを重ねて、その意向を踏まえながら行うものであるから、被告は、注文者である原告のシステム開発へのかかわりについても、適切に管理し、システム開発について専門的知識を有しない原告によって開発作業を阻害する行為がされることのないよう原告に働きかける義務（「プロジェクトマネージメント義務」）を負っていたというべきである。……より具体的に説明すれば、被告は、原告における意思決定が必要な事項や、原告において解決すべき必要のある懸案事項等について、具体的に課題及び期限を示し、決定等が行われない場合に生ずる支障、複数の選択肢から一つを選択すべき場合には、それらの利害得失等を示した上で、必要な時期までに原告がこれを決定ないし解決することができるように導くべき義務を負い、また、原告がシステム機能の追加や変更の要求等をした場合で、当該要求が委託料や納入期限、他の機能の内容等に影響を及ぼすものであった場合等に、原告に対し適時その旨説明して、要求の撤回や追加の委託料の負担、納入期限の延期等を求めるなどすべき義務を負っていたということができる。」

② 次に、有名な「スルガ銀行・日本IBM事件」である。

スルガ銀行（ユーザー）と日本IBM（ベンダー）は、ユーザーの銀行業務全般を処理する「新経営システム」の構築に関する基本合意及び個別契約を締結して、本件システム開発を目指したが、開発途中で中止となった。そこで、ユーザーは、プロジェクト・マネジメント義務違反の不法行為等を原因として、ベンダーに損害賠償等を請求したという事案である。東京地裁（東京地判平24.3.29）と控訴審の東京高裁（東京高判平25.9.26）の判断は異なるが、いずれもベンダーのプロジェクト・マネジメント義務違反を認めている。

高裁は、システム開発を経過に応じて4つの段階に分け、ベンダーには、最終合意締結の段階で、プロジェクト・マネジメントに関する義務違反があったから、それ以降、ユーザーが本件システム開発遂行のために投じた費用につき、不法行為に基づく損害賠償責任を免れないとした。同義務違反について、以下のとおり判示する。なお、本件は、多段階契約方式（相当規模以上のシステム開発において、開発の工程について、主として要件定義書、システム設計書、ソフトウエア設計書等の成果物により区分した上、基本契約のほかに、それぞれの工程に応じた個別契約を締結する方式）を採用している（3つの基本合意と16個の個別契約を締結）。

東京高判平25.9.26 金判1428・16「スルガ銀行・日本IBM事件」
　「控訴人（ベンダー）は、前記各契約に基づき、本件システム開発を担うベンダとして、被控訴人（ユーザー）に対し、本件システム開発過程において、適宜得られた情報を集約・分析して、ベンダとして通常求められる専門的知見を用いてシステム構築を進め、ユーザーである被控訴人に必要な説明を行い、その了解を得ながら、適宜必要とされる修正、調整等を行いつつ、本件システム完成に向けた作業を行うこと（プロジェクト・マネジメント）を適切に行うべき義務を負うものというべきである。
　また、前記義務の具体的な内容は、契約文言等から一義的に定まるものではなく、システム開発の遂行過程における状況に応じて変化しつつ定まるものといえる。すなわち、システム開発は必ずしも当初の想定どおり進

むとは限らず、当初の想定とは異なる要因が生じる等の状況の変化が明らかとなり、想定していた開発費用、開発スコープ、開発期間等について相当程度の修正を要すること、更にはその修正内容がユーザーの開発目的等に照らして許容限度を超える事態が生じることもあるから、<u>ベンダとしては、そのような局面に応じて、ユーザーのシステム開発に伴うメリット、リスク等を考慮し、適時適切に、開発状況の分析、開発計画の変更の要否とその内容、更には開発計画の中止の要否とその影響等についても説明することが求められ、そのような説明義務を負うものというべきである。</u>」とする。

そして、「ベンダとして、この段階（最終合意締結）以降の本件システム開発の推進を図り、<u>開発進行上の危機を回避するための適時適切な説明と提言をし、仮に回避し得ない場合には本件システム開発の中止をも提言する義務</u>」があったのにこれを怠ったものとしている（それ以前の義務違反は認定していない。）。

ベンダーとしては、ユーザーから従前多額の報酬を受け取っておいて、最終段階で中止の提言をすることは困難であろうが、このような中止の提言もプロジェクト・マネジメント義務に含まれるものである。

2 本ケースの考え方

プロジェクト・マネジメントにかかるベンダーが留意すべきポイントは次のとおりである。

① プロジェクト・マネジメント義務の前提：
システム開発の専門家として、高度の専門的知識と経験を有すること。また、仕事を完成する業務遂行能力があること。

② プロジェクト・マネジメント義務の内容（前記判決内容を抜粋、整理）：
・システム開発過程において、適宜得られた情報を集約・分析して、ベンダーとして通常求められる専門的知見を用いてシステム構築を進め、ユーザーに必要な説明を行い、その了解を得ながら、適宜必

要とされる修正、調整等を行いつつ、システム完成に向けた作業を行うことを適切に行う。
・提示した開発手順や開発手法、作業工程等に従って開発作業を進める。
・常に進捗状況を管理し、開発作業を阻害する要因の発見に努め、これに適切に対処する。
・ユーザーのかかわりを、適切に管理し、システム開発について専門的知識を有しないユーザーによって開発作業を阻害する行為がされることのないよう働きかける。
・ユーザーに意思決定が必要な事項や解決すべき必要のある懸案事項等について、具体的に課題及び期限を示し、決定等が行われない場合に生ずる支障、複数の選択肢から一つを選択すべき場合には、それらの利害得失等を示した上で、必要な時期までに原告がこれを決定ないし解決することができるように導く。
・ユーザーがシステム機能の追加や変更の要求等をした場合、それが委託料、納入期限、他の機能の内容等に影響を及ぼすものであった場合等に、ユーザーに適時その旨説明し、要求の撤回や追加の委託料の負担、納入期限の延期等を求める。
・ベンダーは、当初の想定外の局面に応じて、ユーザーのシステム開発に伴うメリット、リスク等を考慮し、適時適切に、開発状況の分析、開発計画の変更の要否とその内容、更には開発計画の中止の要否とその影響等について説明し、回避策、中止等の提言をする。

3 社内調整のヒント

　ベンダーは、プロジェクトのチームでマネージャーを中心に上記の留意するポイントの内容を共有化することが求められる。マネージャーは常にこのようなポイントに関する問題が生じうることを意識し、プロジェクトの進行に留意する。その時々は、面倒であると感じたとしても、結局は、スムーズな作業遂行と後日のトラブルの防止に資することになる。

4 ユーザーの協力義務

ケース 18
ユーザーの協力義務の条項

　当社（委託者／ユーザー）は、経理財務システムを更新するため、システム開発を専門事業者に発注したい。先方（受託者／ベンダー）作成のシステム開発契約書案に次の条項があるが、どういう意味なのか。何を注意しなければならないのか。

第○条（役割分担・協力）
　ベンダーとユーザーは、委託業務の円滑かつ適切な遂行のためには、ユーザーによるシステム仕様書の早期かつ明確な確定、ベンダーによるプログラム開発に関する技術・知識の適切な提供、各自の分担作業の遅滞のない実施及び双方の意思疎通を背景とした共同作業の遂行が契約の重要な要素であることを認識し、相互に協力して委託業務を遂行する。また、ベンダーとユーザーは、自らが行うべき共同作業に対する協力及び分担作業の遅滞又は不実施につき相手方に対し責任を負う。

POINT

- ベンダーだけでシステム開発はできない。ユーザーの協力が必要である。
- ユーザーの協力は、契約上又は信義則上の法的義務である。
- 協力義務違反があると、ユーザーはベンダーのシステム完成義務違反を問えないことがある。

1 ユーザーの協力義務

　ベンダーがシステム開発の専門家であっても、ユーザーの要求はユーザー自身で情報提供しなければわかるものではない。ベンダーは、プロジェクト・マネジメントは行うが、ユーザーはこれに協力して共同してシステムを開発していくという姿勢が必要であり、また、この協力は法律上の義務でもある。この協力義務は、裁判では定着した考え方である。

　次の裁判例は、当該システム開発契約には「ベンダーは、委託業務の遂行にユーザーの協力が必要な場合、ユーザーに対し協力を求めることができる」旨定めており、ユーザーは契約上の協力義務を負う旨判示する。協力義務の実質的根拠を述べた部分を引用する。

> （前記）東京地判平 16.3.10
> 　「……オーダーメイドのシステム開発契約では、受託者（ベンダー）のみではシステムを完成させることはできないのであって、委託者（ユーザー）が開発過程において、内部の意見調整を的確に行って見解を統一した上、どのような機能を要望するのかを明確に受託者に伝え、受託者とともに、要望する機能について検討して、最終的に機能を決定し、さらに、画面や帳票を決定し、成果物の検収をするなどの役割を分担することが必要である。このような役割を委託者である原告が分担していたことにかんがみれば、本件電算システムの開発は、原告と受託者である被告の共同作業というべき側面を有する。」

　また、信義則上の協力義務を認めた裁判例もあり（東京地八王子支判平 15.11.5 判時 1857・73）、システム開発契約に「協力義務」の明文の定めがなくとも、実質的な根拠から信義則上の義務が導かれるのは当然ともいえよう。

2 協力義務違反のポイント

　「協力義務」に関して、おくべきポイントは、次の3点である。ユーザー

側の注意としては、ベンダーとのトラブルが生じた際（遅延の責任、費用の増加）にこの3点を主張されることを想定して、システム開発に協力を行う体制を整えておく必要がある。また、ベンダー側の注意としては、これらの点を中心にユーザーの協力義務違反となりうる事実が生じたときは、速やかにユーザーに伝えて注意を促すとともに、記録を作成・保存する等の管理が求められる。プロジェクト・マネジメントが存在して初めてユーザーの協力が成立するので、ベンダーとしては、自己にイニシアティブがあることを心得ておく必要がある。

① 意思決定の遅延ないし未了

　ユーザー側で決めなければ、開発が進まない事項がある。この場合、ベンダーが決定を要する事項を具体的に指摘し、選択肢を提示し、期限を設定する。

② 機能の追加や変更の要求

　契約当初、詳細な仕様が固まっていないことがある。その場合、追加、変更として、契約の範囲内なのか範囲外なのかを明確にしなければならない。また、ベンダーとしては、契約の範囲外の追加、変更を、ベンダーが現場で安易に受けてしまうと、作業時間の増大、コストアップ、不具合の対応項目の増加など問題が生じかねないので、ユーザーの要求に応えることができるかどうか明確に対応する必要がある。

③ 過剰な要求

　上記②が過剰な要求になることがあるが、そのほかにもユーザーが機能変更を求めておいてスケジュールの変更を拒否する、同じ機能なのにコストのかかる方法を求める、非効率なプロセスを要求するなど、事案に応じて種々の過剰要求が想定される。このような過剰な要求は、円滑なシステム開発に協力する義務に違反することになり得る。

　ユーザーの協力義務違反を認定し、システムの瑕疵を否定した次の裁判

例がある。ユーザーが、ベンダーに対し、納入したシステムに瑕疵（新民法では、契約内容不適合）があるとして、請負契約を解除（旧民635。新民法では、新民542Ⅰ①⑤）し請負代金の返還等を求めた事案である。

> （前記）東京地八王子支判平15.11.5
> 　被告（ベンダー）が専門家であるとしても、システムを構築する前提としての原告（ユーザー）の業務の実態が正確に被告に伝達されなければ、被告において、原告の業務に適合するシステムを構築することは困難であり、「原告が提供した情報が不正確であった以上、本件システムが、原告の業務の実態と異なる情報を前提として構築されたものであることについて、被告に責任があるとはいい難く、これに起因する事由をもって、本件システムの瑕疵に当たる」ということはできず、「本件システムに構造的欠陥が存すると認めることはできない。」として、本件システムに瑕疵があることを否定し原告の請求を棄却した。

　すなわち、ユーザーには協力義務（上記判決では情報提供義務）があり、提供した不正確な情報に基づくシステム構築により目的を達成できなくとも「瑕疵」はないとされる（契約内容に適合している）。考え方としては、当然といえるが、ユーザーの協力義務違反を証明するのはベンダーの責任になるので（法的効果を求める者は、その法的効果の生じる要件に該当する事実について証明責任を負う）、ベンダーとしては、後に争いが生じた場合に備えて、証拠価値の高い記録を残しておく必要がある。

3 本ケースの考え方

　委託者（ユーザー）におけるシステム開発の担当部門は、マネジメント及び関連する部門と、早期に仕様確定の十分な協議を行い、後日の変更は極めて困難であることの認識を共有にすべきである。注意すべきは、協力義務に関する上記の3点のポイントであり、最初からこれらの共通認識が必要である。また、基本的に、スムーズな開発は委託者の協力が不可欠であることを、常に意識しておくべきであろう。

V 準消費貸借

⇒1 準消費貸借と債務弁済契約

> **ケース19**
> 旧債務を準消費貸借にする契約条項
>
> 当社(売主)は、相手方(買主)に対し、これまでの商品売買代金を一本にまとめてその分割弁済を求めたい。どのような契約にすればよいのか。準消費貸借にする場合は、次の条項でよいのか。
>
> 売主と買主は、本契約締結時点の売買代金残高が金○円であることを確認し、同金員を消費貸借の目的とすることに合意する。買主は売主に対し、上記金員を次のとおり分割して弁済する。

POINT

- 準消費貸借契約を締結する場合は、旧債務を特定しておかなければならない。
- 金銭債務の弁済条件を変更する場合、準消費貸借又は債務弁済契約による。
- 金銭債務の弁済条件を公正証書にすることにはメリットがある。

1 準消費貸借とは

　準消費貸借とは、主に既存の金銭債務を消費貸借の目的とする契約であり、複数の債務を一本化するのにしばしば利用される（新民588）。旧債務が金銭消費貸借に基づく債務でもかまわない。

　訴訟において、旧債務の存在についての主張立証責任は、準消費貸借の成立を主張する者にはなく、その不成立を主張（旧債務の存在を争う）する者にあるとされている。しかし、旧債務の特定は必要であって、それが不十分であると、準消費貸借の成立は否定される。この特定は、準消費貸借契約書によることが要件というわけではないが、契約書面で特定しておくのが、後の紛争を予防することにもなり、また、訴訟にも有利である。

　特定の程度であるが、個別契約に基づく債務額が明確であれば、契約の種類（売買契約等）、日付、債権の目的（書籍類等）、代金額をリストにして添付すればよい。しかし、継続的な取引から生じた債務で随時弁済があり、どの取引から生じた債務が弁済未了か必ずしも判明しない場合はどうするか。

　その場合は、可能な限度で特定するしかない。例えば、「〇年4月1日から□年3月31日までに売主が買主に売った書籍、文房具類の売買代金残金」程度の表示でも特定として十分な場合もあろう（特定の場合、広がりが不明確になるので「等」は使用しないようにする。そして、「類」を使用し範囲を画するようにする）。

2 債務弁済契約とは

　債務弁済契約とは、準消費貸借という法形式をとらず、原契約の債務をそのまま弁済方法のみ変更する合意である。準消費貸借と債務弁済の合意のいずれの方法もとれる場合には、次のメリット・デメリットを考慮の上決定することになる。

① 準消費貸借契約書は契約金額の記載のある消費貸借に関する契約書となり、債務弁済契約書は原契約の変更であるが契約金額の記載のな

いものとなる（契約金額を変更するものではない）。これに伴う印紙税額の違いは大きい。
② 旧法適用下で生じた売掛債権を旧債務とする場合、準消費貸借が成立すると、短期消滅時効（旧民173。新法では削除）は新法の消滅時効の適用により5年（確定期限の場合）になる（従来の通説による。ただし、戦前の大審院の判例はあるが、最高裁の判例がない）。このため、旧民法下の旧債務の短期消滅時効を長くするために準消費貸借の方法を利用することが考えられる。
③ 上記**1**で述べたとおり、準消費貸借の場合は、旧債務の存在に関する主張立証責任は、その存在を争う者にあるが、債務弁済契約は、原契約の債務の主張立証責任は、その存在を主張する者にある。書面によらない取引等から生じた債務をまとめる場合など、このような立証上の便宜を考慮することもある。

3 公正証書の利用

金銭の一定の支払いを目的とする請求について、公証人が作成した公正証書で、債務者が直ちに強制執行に服する旨の陳述（「強制執行受諾文言」といわれる）が記載されているものは、執行証書といい、確定判決と同じように強制執行ができる（民事執行法22⑤）。この強制執行受諾文言は、「債務者は、債務を履行しないときは、直ちに強制執行に服することを受諾する」のような記載となる。

債務者に債務不履行が生じた場合、訴訟の必要がなく、直ちに強制執行ができることは、時間と費用の大きな節約となる。

4 本ケースの考え方

商人間の継続的売買契約から生じた代金債権は、時効延長（旧法の2年の短期消滅時効が適用される場合）や訴訟における立証責任などから考えると、準消費貸借として一本にまとめる（できれば公正証書にする）のが望ましい場合が想定される。準消費貸借であっても、旧債務の特定は必要なので、極力可能な範囲でこれを特定しておく。

修正後の条項例

　売主と買主は、○年4月1日から□年3月31日までに売主が買主に売った書籍、文房具類の売買代金の残高が金○円であることを確認し、同金員を消費貸借の目的とすることに合意する。（以下同文）

MEMO

金銭消費貸借の要物性の緩和

　金銭消費貸借は、借主の返還の約束と貸主の金銭の引渡しによって効力が生じるのが原則である（民587）。このように、物の引渡しを要件とする契約を要物契約という（民法では、ほかに使用貸借、寄託がある）。金銭を引き渡せば、あとは債務者の返済義務のみであり、債権者に義務はない。返済方法については、合意しなくともよいが（その場合、期限の定めのない債務となり、債権者はいつでも返済を求めることができる）、債務者の返済条件、利息と期限の利益喪失事由を定めるのが一般的である。

　新法は、契約の要件に金銭の引渡しを要しない、書面でする消費貸借を認め、貸主は金銭等の物の引渡しを為し、借主はその受領した物の返還を約することにより効力が生じるものとした（新民587の2）。従来、解釈上認められてきた諾成的消費貸借であるが、新民法の規定は、これを一定の要件を設けて明文化したものである。

→2 個人保証

> **ケース 20**
> **個人保証の取り方**
>
> 当社（売主）は、新規取引先（買主）と商品売買基本契約書を締結することを検討している。しかし、買主の経済的信用力が不明なので、買主の代表取締役を連帯保証人としたい。その場合は次の条項を契約書に設ければよいのか。
>
> 第○条（連帯保証）
> 　連帯保証人は、本契約に基づく買掛金その他買主の一切の債務を連帯して履行することを保証する。

POINT

- 個人根保証契約は、極度額を定めないと効力は生じない。
- 主債務に事業のために負担した貸金・手形割引債務が含まれるときは、事前に公正証書で保証意思を表示していないと、個人保証の効力は生じない。
- 保証人が、主債務者の取締役、支配株主等の一定の関係にあるときは、上記公正証書による保証意思の表示は不要となる。
- 主債務が事業のために負担したものであるときは、主債務者は、保証委託をするときに、個人保証をする者に対し、財産・収支の状況等一定の事項の情報を提供しなければならない。
- 債権者は、主債務者が期限の利益を喪失したときは、一定の期間内に、個人保証人に対し、その旨を通知しなければならない。

1 新民法の個人保証

新法は、保証について多くの改正をしているが、個人の保証人に関して、その保護を厚くするために次のような重要な改正をしている。

① 個人根保証契約は、極度額を設定しないと、効力が生じない（新民465の2）。

② 主債務に事業のために負担した貸金・手形割引債務が含まれるときは、保証・根保証契約締結に先立つ、締結日前1ヶ月以内に作成された公正証書で保証人となろうとする者が保証意思を表示していないと、契約の効力は生じない（新民465の6）。

③ 上記②にかかわらず、保証人が、主債務者の取締役、支配株主等の一定の関係にあるときは、公正証書による保証意思の表示は不要となる（新民465の9）。

④ 主債務が事業のために負担したものであるときは、主債務者は、保証委託をするときに、個人保証をする者に対し、次の事項の情報を提供しなければならない（新民465の10 Ⅰ）。ⅰ）主債務者の財産及び収支の状況、ⅱ）主債務以外の債務の有無並びにその額及び履行状況、ⅲ）主債務の担保として他に提供し、又は提供しようとするものがあるときは、その旨及びその内容。

⑤ 債権者は、主債務者が期限の利益を喪失したときは、個人保証人に対し、それを知った時から2ヶ月以内にその旨を通知しなければならない（新民458の3 Ⅰ）。なお、委託による保証の場合、保証人の個人、法人を問わず、債権者は、保証人から請求があったときは、不履行の状況、残額、弁済期が到来しているものの額につき情報を提供しなければならない（新民458の2）。

⑥ 個人根保証契約における元本確定事由が拡大された（新民465の4）。

2 本ケースの考え方

本ケースの条項例は、旧法では、通常の内容である。これを、新法では、どのように修正する必要があるのであろうか。新法における改正点のあて

はめを次のとおりしてみる。
- 個人根保証である　→　極度額の設定が必要
- 事業の貸金等ではない、又は保証人は取締役である　→　公正証書は不要
- 事業の負債である　→　保証委託の際の情報提供が必要。債権者が情報の不提供等を知ることができたときは、保証人は保証契約を取り消すことができる。したがって、このような取消事由がないことを確認する定めを置くことが望ましい。なお、本ケースでは、保証人は、主債務者の代表取締役であり、情報提供を受けていない旨主張するわけにはいかないが、定形様式として備えておくのがよい。
- 連帯保証人に対する履行の請求は、主債務者に時効の完成猶予の効力が生じない（相対的効力の原則）　→　別段の意思表示により、効力を生じさせる必要がある（新民458、441）。

修正後の条項例

第○条（連帯保証）
1．連帯保証人は、本契約に基づく買掛金その他買主の一切の債務（次項において「主債務」という。）を、金○○円を限度額として、連帯して履行することを保証する。
2．連帯保証人は、買主から次の事項に関する情報の提供を受けたことを確認する。
　① 買主の財産及び収支の状況
　② 主債務以外の債務の有無並びにその額及び履行状況
　③ 主債務の担保として他に提供し、又は提供しようとするものがあるときは、その旨及びその内容
3．買主は、売主が連帯保証人に対し保証債務履行請求権を行使したときは、その効力は買主にも生じることをあらかじめ承認する。

第4章 形式、用字・用語

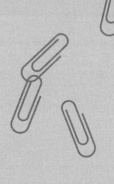

I 契約書の形式についての留意点

→ 1 契約書の日付

> **ケース1**
> **遡及日付による契約締結**
>
> 　事業部門から、先行して業務を開始しているので、契約書はバックデート（作成日より遡った日付）で締結したいとの依頼があった。これに応じてリスクはないか。
> 　また、契約書の記名押印が未了のまま業務が先行していることは、法律上どのようにとらえるべきか。

POINT

- ◉契約書のバックデートは避けるべきである。
- ◉契約書の効力は遡及的に生じさせることができる。
- ◉記名押印が未了のまま業務が先行すると、法律関係は複雑になる。

1 契約書の日付の意義

（1）契約書の日付の役割

　契約書の日付には、次のような役割がある。

　①　日付は当該契約を特定する。債権契約は同種の内容が複数成立しうる。後日に引用する場合は「□年△月○日付け売買基本契約書」等の

表記で特定するのが一般的である。
② 契約有効期間開始日を「本契約締結の日」と定めている場合、日付が空欄であると開始日につき争いが生じる余地がある。
③ 契約期間の満了日が不明となれば、更新拒絶の事前通知の時期その他契約管理上の問題が生じうる。

(2) バックデートと遡及適用

契約書締結日の日付をバックデートすることには、下記のリスクを伴う。
① 一般的に実体と異なる操作は、想定外の問題が生じる危険性がある。
② 決裁日に既に効力を生じていたことになると、内部統制のエラーである。
③ 会計期間をまたがることにより、利益、経費、業績操作の疑いが生じる危険性がある。
④ 安易に書類のバックデートを行う習慣が生じる危険がある。

したがって、契約書の信頼性に疑義を生じさせ、また、新たなリスクの生じる可能性があるため、バックデートは避けるべきである。

バックデートの要請が生じる場合は、当該契約の効力を一定の時点まで遡らせたいという必要があるときである。したがってこの場合、契約書には現実の締結日を記載し、契約の効力が遡及することを確認する条項(「(いつ)から適用されるものとする。」等)を設けることにより、対応することができる。すなわち、当事者間の過去の取引をどのように規律するかを合意で定めるということであり、第三者の権利を侵害しない以上、契約自由の原則の範囲内のことなのである。

ところで、日付に関し、継続的契約について、従前の契約を合意解約し条件を改めて新たに契約をする場合、継続性を保つには、効力発生日をいつにすればよいかという質問を受けることがある。

契約締結日としても一日 24 時間あるので、実際の調印の時間は明確ではなく、気にする必要がある場合も多くはない。しかし、上記のように、取引が継続している最中に条件変更がされる場合には、いつまでの取引が

以前の条件で、いつからの取引が新たな条件なのか不明確になることがある。このような場合には、明確性が求められるので、新たな契約書の条項で、「甲乙間の当該取引につき、○年○月○日（新契約締結日の前日）までに生じたものには従前の契約が適用され、同年同月△日（新契約締結日）から生じたものには本契約が適用される」旨定めれば明確になる。

2 本ケースの考え方

本ケースにおいて、契約書をバックデートで締結することのリスクは上記**1**のとおりである。ここでは、契約書の記名押印が未了のまま業務が先行していることの法律上のとらえ方について解説する。

次の3つのステップで検討することになる。①契約書の調印がなくとも「契約」が成立するかどうか。②商法512条（報酬請求権）が成立するかどうか。③契約締結上の過失が適用されるかどうか。

大雑把ではあるが、現場であれ、当事者が合意で作業を進めたのであれば、法律上の効果が生じるものとして口頭の契約が成立したとみる余地がある。作業の依頼はなされたが、契約書を締結しないで作業を行うような性質の取引でなければ、②に該当することになる。契約が確実との期待を背景に先行作業を行った場合は、その期待を正当な理由なく裏切ることになれば③となろう。いずれにせよ、紛争が生じた場合、事実認定は複雑であり、また、契約が成立するにせよ、その合意の内容が明確ではないので民法・商法の適用により解決することになり、適用関係でもめることにもなりかねない。したがって、書面による発注行為があるまでは、作業に着手すべきではあるまい。

3 社内調整のヒント

バックデートは、そのリスクが認識されないと、安易に行われる危険性がある。会社としての姿勢の問題なので、組織として対応したい。また、先行作業は、いったんトラブルが生じると、「契約書がない」ということで、事実上、作業者側が不利益を受けるので、これも会社としては、作業開始の要件を明確にし、現場に徹底しておく必要がある。

→2 契約書の記名押印

> **ケース2**
> **課長名の契約書**
>
> 　先方から記名押印のある契約書原本が送付されてきたが、記名押印を見ると、課長の表示であり、かつ、課長の個人印が押されていた。この契約の効力はどのように考えるべきか。また、どのように対応すべきか。

POINT

- ●会社は代表権、代理権を有する者により契約書に記名押印する。
- ●印影は、実印で顕出するか、その他の印章によるかで、証明力が異なる。
- ●署名のみでは、契約の意思が完結していないことがある。

1 権　限

　契約は、その締結権限のある者によって行われる。会社において、そのような権限を有する者は、代表権を有する代表取締役等であり、また、会社から代理権を付与された取締役、部長、課長等の役職者である。

　機関の行為が法人そのものの行為とされる関係にある場合に、その機関は法人の代表権を有するものとされる（代表者は法人と一体的関係）。代理権は、本人と代理人との関係において、本人から代理人の行為の法的効果を本人に帰属させることができる権限を付与されたものである（代理人は本人と対立的関係。内部関係は、委任、雇用など両者の契約による）。

　会社においては、職務権限規定により、各職位者の権限が付与されているが、その範囲内で包括的な代理権を付与したものと認められ、したがって、その範囲内で当該職位者は契約締結権限を有する。以下、契約書の記

I　契約書の形式についての留意点

名欄に見られる職位を見る。
① 「社長」：社長は社内における役職であり、代表権とは直接関係はない。しかし、社長が代表権を有しない場合、表見代表取締役となり、善意の第三者は保護される（会354。ただし、代表権の登記がない以上、悪意が推定される）。
② 「支配人」：支配人は、選任された営業所の営業に関する包括的な代理権をもつから（商21、会12）、その範囲内の契約の締結権限を有する。支配人は登記が必要であるから（商22、会918）、外部からチェックすることが可能である。
③ 「取締役」：代表取締役設置会社においては、単なる取締役は当然には契約締結権限を有しない。契約締結権限の有無及び範囲の確認が必要となる。
④ 「事業本部長、営業本部長等、事業の主任者であることを示す名称が付されている場合」：当該事業に関して一切の裁判外の権限があるものとみなされる（相手方が、権限がないことを知っていた、又は知らないことについて重大な過失がある場合を除く。会13）。
⑤ 「部長・課長」：ある種類又は特定事項の委任を受けた使用人に該当する場合は、当該事項について契約締結権限を有する（商25、会14）。しかし、外部からは委任を受けていることはわからないため、権限の確認を要する場合がある。

2 署名、記名押印

(1) 署名、記名押印の意義

「署名」とは自筆のサインであるが、「記名」とは印字やゴム印等の方法により自筆以外で氏名を記載したものである。したがって、記名の場合、本人の意思を表示したものとは認められないため、社会通念上、押印（印影の顕出）をもって、文書における意思表示を完結したものとされる。なお、改正商法及び会社法は、それぞれの関係する条文に「署名又は記名押印」と規定し、両者を並列に扱っている。

このように、押印は、意思表示の完結という効果があるので、実務上は

署名の場合でも押印を要求することが多い。署名で意思表示を完結させる場合は、契約書に「各自署名又は記名押印する」旨、「署名」だけでも意思表示が完結することを明確にする記載を行う。

(2) 実印押印の必要性

契約書の押印は、法律上は実印（登録印）による必要はない。しかし、実印は認印よりも証明力が強い（本人の意思に基づくことの推定が強く働く）。したがって、重要な文書には、実印の押印と印鑑登録証明書の交付を求めることがある（意思に基づいていることの一定の保証となる）。しかし、実印といえども印鑑の冒用事例は少なくなく、結局は本人の意思に基づいているか否かという事実が重要である。形式が整っていても意思表示がなされたものとみなされるわけではない（あくまでも推定である）。

(3) 記名押印の表示方法

会社の場合、ⅰ）住所（本店所在地。会4）、ⅱ）権限、ⅲ）表意者（代表者、代理人）、ⅳ）印影により、当事者の記名押印欄は完結する。

ポイントは、①権利義務の帰属主体の特定性が十分か（誰との間で契約をしたのか明らかか）、②権限の表示がなされているか（代表者か部長等の代理人か）、③意思表示が完結していると認められるか（会社の印か）である。①は、本店でなく支店や事業所が表示される場合もあるが、権利義務の帰属主体が当該会社であることが明確であれば問題ない。登記上の本店と実際に事業活動の中心としている事業所の住所が異なる場合も見受けられるが、その場合は、事業所の住所だけでは特定性は不十分といえる。②は、会社に権利義務を帰属させるのであるから、権限の表記が必要である。それないと、勤務先を記載した個人が契約主体と主張される可能性もあり、また、代理権限の有無について確認の要否の情報を提供するものとはならない。③は、会社の行為であれば、しかるべき印影が顕出されるはずであるが、個人印を押印しているような場合には、会社としての意思表示が完結しているものとは考えにくい。

以下、いくつか記名押印例を挙げる。

① 本店所在地が現実の事業所と異なる場合
　　東京都千代田区麹町三丁目2番地5
　　（登記簿上の本店所在地　神奈川県横浜市……）
　　株式会社A
　　代表取締役　甲野　太郎　㊞

② 代表権の表示
　　東京都千代田区麹町三丁目2番地5
　　株式会社A
　　代表取締役　甲野　太郎　㊞

③ 代理権の表示
　　東京都千代田区麹町三丁目2番地5
　　株式会社A
　　営業部長　甲野　太郎　㊞

④ 個人事業主の場合
　　A商店こと　甲野　太郎　㊞
　　A商店　代表　甲野　太郎　㊞

3 本ケースの考え方

　本ケースの場合、「課長」の契約締結権限と、押印された印影が問題となる。相手方の課長が当該契約の締結権限を有しているかどうかは、当方からは判断できない。また、会社としての契約書に、個人印を押印するというのは、一般的ではなく、会社としての決裁が完了しているのか疑わざるを得ない。したがって、このような場合には、当該契約書が会社として締結したものであるかどうかを、相手方の会社に確認せざるを得ない。当該課長当人に確認しても疑問の根本的な解消は期待できないので、その上

長ないし管理部門に問い合わせを行うことになろう。

MEMO

印章、印影、印鑑

　「印章」とは、印材の面に、押印により印影を顕わすことができるように彫刻を施した物である（いわゆる判子）。「印影」とは、押印したときに顕われる印面の彫刻の鏡映である。「印鑑」も「鑑（かがみ）」という語から推察されるが、押印の証跡であり、印影と同義である（ただし、広辞苑によると印章の意味もある）。「印鑑証明」は、印影が誰の登録によるものかを証明するものであって、印章を証明するものではない。裁判所は、押印して印影を顕すことを、「印影を顕出する」と表現する。

→3 契約文言と証明責任

> **ケース3**
> 書面による承諾を求める法的意義
>
> 当社は、賃借している店舗の改装を計画している。店舗賃貸借契約書には、改装を行う場合、「賃借人は、賃貸人から事前に書面による承諾を得なければならない。」とある。口頭では賃貸人の了解を得ているのであるが、書面で承諾を取らないと法律上の問題が生じるのか。

POINT
- 主張と証明は異なる。
- 契約書に証明の負担を定めても裁判所は拘束されない。
- 「書面により」とする条項は、法律行為の要式の合意として有効である。

1 証明責任の合意による拘束力

　証明責任は立証責任又は挙証責任ともいうが、裁判手続において、事実の存在又は不存在の証明ができないとその証明にかかる事実の存在又は不存在が認定されないという立証上の負担、不利益をいう。主張責任という言葉もあるが、請求を理由付ける事実又は請求を排斥する事実を、手続きに従って陳述しないと、請求又は排斥が認められない不利益をいう。主張責任と立証責任は原則として一致する。すなわち、主張責任を有する者がその主張を裏付ける事実を立証する責任を負う（債務不存在確認請求の場合は例外）。

　法律上の効果を求める当事者がその法律要件を主張立証するのが原則である（法律要件分類説）。例えば債務不履行責任（新民 415 Ⅰ）の場合、債権者は、債務者に対し損害賠償請求をするためには、債務者の債務不履

行を主張立証しなければならず（同415Ⅰ本文）、債務者がこれに対し免責を求めるためには、自己の責めに帰することができない事由によることを主張立証しなければならない（同415Ⅰ但）。

それでは、契約条項に「情報受領者が次の事実を証明できるときは、当該情報は、秘密情報でないものとする」のように「証明」の文言が使われる例があるが、これはどのような法的意味を有するのであろうか。

契約条項は、実体法上の権利義務を生じさせる。ところが、証明というのは、上記のとおり裁判手続に関する概念である。そして、証拠について当事者間で合意による制限を認めると、裁判官は証拠から自由に心証をとることができるとする原則（自由心証主義）に反する結果となるところから、証拠に関する合意は認められないとされている。

したがって、契約条項において「証明責任」を合意しても、裁判所は、この合意にとらわれずに判断を行うことができる。ちなみに、上記の条項例では、当該情報につき、情報開示者が「秘密情報に該当する」という原則を主張立証した場合に、例外の「秘密情報の除外事由」は情報受領者が立証しないと原則に従った守秘義務違反が認められてしまうため、「証明」の文言の有無にかかわらず、結論は同じである。

ただし、実務的には、「書面により合理的に証明」などの証明方法を記載することにより、交渉場面などにおいて、当該条項の有効性が高まる場合がある。なお、この「書面により」の文言の意義については、次に述べる。

2 「書面による」の意義

賃貸借契約書には、本ケースの例のように、賃借人の一定の行為について、「賃貸人から事前に書面による承諾を得なければならない。」と「書面による」という条件が規定されている。この「書面」という要件が、証拠の制限（すなわち、上記1で述べたとおり、裁判官の自由心証主義に反する）になるのではないかという点が争われた事例がある。

最高裁は、この点、承諾の有無についての法律関係を明確にし将来の紛争を避けるという合理的な目的をもってされた法律行為の方式の制限につ

いての合意として一応有効とした（最判昭 41.7.1 判時 457・35）。この場合、方式に従わなければ、法律上の承諾という効果が生じない結果となる。

3 本ケースの考え方

本ケースにおいて、契約書では改装の承諾は「書面」によるとされながら、「書面」によらなかった場合はどうなるのか。「書面」によらないで、同内容の合意を口頭で行うことについて「『合意』があれば、書面によらないこと」の別途合意がなされたものとして、書面によらないでも承諾の効果が生じると考えることも可能であろう。しかしながら、法律関係を明確にするという趣旨からは、口頭では確定的な承諾とはいえず、規定の趣旨に反するものとして、このような「合意」を認定することは容易でないものと思われる。ただし、賃貸借契約の場合、信義に反しない特段の事情があるときは、賃貸借契約の解除は認められないという、賃貸借契約における法理が適用される余地はある。

したがって、口頭では賃貸人の了解を得ていると考えても、それを確定的な承諾ととらえるのは性急であって、契約書の定めに従って、書面で承諾を取らないと法律上の問題が生じる可能性がある。

MEMO

完全合意条項（Entire Agreement）

「本契約の条項は、本契約の目的に関する当事者間の完全な合意を形成し、同目的に関し本契約外の合意は、一切の効力を有しない。」という条項がある。これは、英米の契約書に通常設けられる定めであるが、当事者の意思の範囲を規律するので日本法の契約書でも有用である。裁判例を紹介する。

東京地判平 7.12.13 判タ 938・160
「（本件株式売買契約）には完全合意条項が定められているところ、……契約の締結に関与した者はいずれも会社の役員や弁護士であり、……契約書に定められ

た個々の条項の意味内容についても十分理解し得る能力を有していたというべきであるから、本件においては、その文言どおりの効力を認めるべきである。すなわち、契約の解釈にあたっては、契約書以外の外部の証拠によって、各条項の意味内容を変更したり、補充したりすることはできず、専ら各条項の文言のみに基づいて当事者の意思を確定しなければならない。」

　これは、手続きにおける証拠制限を取り上げているわけではなく、当事者の意思として、本契約によって意思が完結しているので、他の合意は排除するという、実体法上の効果を念頭におくものと解釈される。

II 形式に関する一般的注意

➡1 用 語

> **ケース4**
> 支払期限の月末が休日の場合の取扱い
>
> 売買基本契約書の支払条項に次の定めがある。支払期限の月末が日曜日の場合、その前に支払うのか、翌日に支払えばよいのか。
>
> 買主は売主に対し、本件売買代金を、毎月末日までに納品した商品の代金をまとめて、翌月末日までに乙指定の銀行口座に振込送金して支払う。

POINT

◉契約書の用語は、法令用語に従うことで趣旨が明確になる。
◉文言上明らかとされる用語法がある。
◉類似の語でも意味が異なる場合がある。

1 契約書の用語

契約書の用語は、法律文書である以上、法令用語に従って解釈されるのが当事者の合意的意思である。しかし法令用語は、日常使用される用語に比べ厳密に使用法が決まっているものも多く、一定の知識があると便利で

ある。ここでは、使用頻度の高い用語をいくつか紹介する。

① 及び・並びに
　併合的に語句を結びつける接続詞である。「並びに」は、「及び」による接続がある場合に、一番大きな段階の接続をするときに使用する。「並びに」は、大きな区切りとなる。

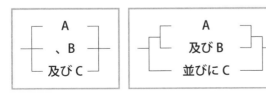

② 又は・若しくは
　選択的に語句を結びつける接続詞である。「若しくは」は、「又は」による接続がある場合に、より小さな段階の接続をするときに使用する。

③ 時・とき・場合
　「時」は、時点を表す。「とき」は「場合」と同義であり、仮定的条件を表す。「とき」と「場合」の使い分けであるが、仮定的条件が重なる場合は、大きい条件に「場合」、小さい条件に「とき」を使う。
　時・とき・場合の使用例を次に掲げる。

新民法413の2 Ⅱ
　債権者が債務の履行を受けることを拒み、又は受けることができない場合において、履行の提供があった時以後に当事者双方の責めに帰することができない事由によってその債務の履行が不能となったときは、その履行

の不能は、債権者の責めに帰すべき事由によるものとみなす。

④ その他・その他の
「その他」は並列の関係であり、「その他の」は包括的な関係である。
「その他」の使用例について次の条文を見る。

> 会社法362Ⅳ⑥
> 　取締役の職務の執行が法令及び定款に適合することを確保するための体制その他株式会社の業務並びに当該株式会社及びその子会社から成る企業集団の業務の適正を確保するために必要なものとして法務省令で定める体制の整備

これを分解すると次のようになる。
(A)　取締役の職務の執行が法令及び定款に適合することを確保するための体制（の整備）
(B)　その他株式会社の業務並びに当該株式会社及びその子会社から成る企業集団の業務の適正を確保するために必要なものとして法務省令で定める体制（の整備）

このように、(A)は会社法で定める体制であり、また、(B)は法務省令で定める体制である。

次に「その他の」であるが、部分（例示）と全体の関係に立つ。次の条文を見る。

> 会社法2③
> 　子会社　会社がその総株主の議決権の過半数を有する株式会社その他の当該会社がその経営を支配している法人として法務省令で定めるものをいう。

これを分解すると次のようになる。
(A) 会社がその総株主の議決権の過半数を有する株式会社
(B) その他の当該会社がその経営を支配している法人として法務省令で定めるもの（をいう。）

(A)は「当該会社がその経営を支配している法人として法務省令で定めるもの」の例示であり、「子会社」はすべて法務省令（会社法施行規則）で定義されることになる。仮に「その他」を使用すると、上記の例と同じく、「会社法で定める子会社」と「法務省令で定める子会社」が並列することになり、「の」一つで意味が異なってくる。

⑤　前・以前、後・以後

「前」「後」は、基準時点を含まないが、「以前」「以後」は、これを含む。この点を明確にした次の判例がある（最判平24.12.21判タ1386・169）。

「金商法21条の2第2項〔現行第3項〕は、『公表日前1月間の当該有価証券の市場価額…の平均額から当該公表日後1月間の当該有価証券の市場価額の平均額を控除した額』を虚偽記載等により生じた損害の額とすることができると規定しているが、同項にいう『公表日前』及び『公表日後』に『公表日』を含まないことは、その文言上明らかである」

⑥　直ちに・速やかに・遅滞なく

「直ちに」は、「即時に」「間をおかず」の趣旨であり、一切の遅れは許されない。

「速やかに」は「できるだけ早く」の趣旨であり、訓示的な意味合いで使われる場合が多い。

「遅滞なく」は「事情の許す限り最も早く」の趣旨であり、合理的な理由があれば、その限りでの遅れは許される。

⑦　「支払う」と「支払うものとする」の相違

契約書で使用する以上、当事者の合意として意味は同じである。ところで、「支払うものとする」は、婉曲に響くため契約書では多用されるが、

Ⅱ　形式に関する一般的注意

裁判所の和解条項では、「支払う」と明確に言い切って表現しなければならない（裁判所職員総合研修所監修『民事実務講義案Ⅰ』〈五訂版〉参照）。「支払う」は執行が可能な文言（給付文言）だが、「支払うものとする」は「支払義務があることを認める」との確認文言であるとの疑義が生じ強制執行ができない可能性がある。

⑧　略称表記法

「（以下「○○」という。）」「（以下「○○」と総称する。）」は法令で使用される。契約書では、「（「○○」）（以下、併せて「○○」という。）」など、省略対象が特定できればよい。なお「いう」という表記であるが、言葉に出す（行動を伴う）場合を「言う」といい、そうでない場合を「いう」と平仮名表記する。

2 期間計算

期間の計算は、法令や契約に定めがない限り、民法の規定に従う（民138）。民法の原則は、次のとおりである。
① 　時間によって定める場合：即時から起算（民139）
② 　日、週、月又は年によって定める場合：
・初日は不参入（午前0時から始まる場合を除く）（民140）
・期間の末日の終了により満了（民141）
・期間の末日が休日（日曜日、祝日その他の休日）の場合は、その日に取引をしない慣習がある場合に限り、翌日に満了（民142）
③ 　法律における休日の例
・銀行の休日：土日、祝日、12月31日～1月3日（銀行法52の46、同施行令5）
・行政庁の休日：土日、祝日、12月29日～1月3日（行政機関の休日に関する法律）

3 本ケースの考え方

本ケースのように、毎月末日払いの約定の場合、ある月の末日が休日で

あれば、上記民法 142 条の適用により、明けた日が支払期日となる。銀行の休日は、同条の「その他の休日」に該当すると考えられるので、上記 **2** で述べたとおり、銀行の休日である「土日、祝日、12 月 31 日～1 月 3 日」が支払期限末日に該当する場合には、その明けた日が期間満了日となる。したがって、前払いを求めるのであれば、その旨の約定が必要である。契約書には、「○ヶ月前の予告」「毎月末日に支払う」といった、期間、期日のとらえ方に注意を要する条項がある。実際にどうなるのかをシミュレーションして、必要な手当をすることになる。

修正後の条項例

例文に括弧書きを加えた。

買主は売主に対し、本件売買代金を、毎月末日までに納品した商品の代金をまとめて、翌月末日（銀行の休日の場合は、前営業日とする）までに乙指定の銀行口座に振込送金して支払う。

MEMO

"shall" の訳出

英文契約書で使用される "shall" は、強制力を伴う義務を表す（Bryan A. Garner 編、*Black's Law Dictionary* を参照）。したがって、この語の訳出は、やはり、「支払う」「○○しなければならない」のような言い切り方が、ニュアンスを正確に表現することになるのではないだろうか。英文契約書の翻訳は、参考資料として利用されるのであり、読み手に対し、義務という強力な法的効果をストレートに伝達できる表現を使用すべきであろう。和文契約書を原本として取り交わす場合に義務の表現が柔らかであることと、その表現方法の趣旨は自ずから異なるのである。

巻末資料
(ひな形)

取 引 基 本 契 約 書

　　（発注者）　（以下「甲」という。）と　　（受注者）　（以下「乙」という。）は、甲乙間の取引に関する基本事項について、次のとおり契約を締結する。

第1条（基本契約と個別契約）

　本契約は、甲が乙に対し発注する目的物（役務等を含む。以下「目的物」という。）の取引に関する基本事項を定めたものであり、甲乙間で締結される個々の取引（以下「個別契約」という。）に共通に適用される。

第2条（個別契約等）

1．甲及び乙は、個別契約において、発注年月日、目的物の名称、仕様、数量、納入日、納入場所、単価、代金の額、支払日及び支払方法等を定める。
2．個別契約は、甲が乙に対し前項の取引内容を記載した書面により申込みを行い、乙がこれを承諾する請書等の書面を甲に交付することにより成立する。なお、上記申込み又は承諾の書面に本契約の内容と異なる契約条件の記載があるときは、甲と乙の権限を有する者が事前に書面で合意した場合を除き、当該記載を無効とする。
3．前項の各書面は、甲及び乙が別途合意するファクシミリ、電子データ等の方法をもって代えることができる。
4．売買の目的物が動産の場合、第2項の乙の承諾の方式にかかわらず、乙が、甲の申込みに応じて目的物の出荷をしたときは、出荷の時をもって個別契約が成立したものとみなす。ただし、上記出荷の時までに甲が適法に申込みを撤回したときは、この限りでない。（＊新民法対応）
5．甲及び乙は、別途書面で合意することにより、本契約及び個別契約を変更し、また、個別契約に関し、本契約に定める条項の一部を排除し、又は異なる条項を定めることができる。

第3条（納入日）

1．乙は、甲に対し、目的物を個別契約に定める納入日に甲の指定する場所に納入する。納入費用は乙の負担とする。甲及び乙は、自己の必要により上記納入

日及び納入場所を変更するときは、相手方の同意を得なければならない。
2．乙は、納入日に目的物を納入できない場合、事前に速やかにその理由及び納入予定日を甲に申し出て、甲の指示を受ける。

第4条（納入、検査、危険負担）
1．乙が目的物を納入したときは、甲は、当該目的物を速やかに検査する。
2．甲は、目的物の納入を受けた日から14日以内に検査の結果を乙に通知する。
3．検査の結果が不合格の場合、乙は、甲の指示に基づき、速やかに不足品若しくは代品を納入し、又は修理をする。
4．甲が乙に検査の結果を通知しないときは、第2項の期間が経過した時をもって、当該目的物は検査に合格し、検収が完了したものとする。
5．目的物の滅失、損傷、減量その他の一切の損害のうち、目的物の納入前に生じたものは乙の負担とし、目的物の納入以降に生じたものは甲の負担とする。ただし、当該損害が相手方の責めに帰すべき事由による場合はこの限りでない。

第5条（所有権の移転）
　目的物の所有権は、第3条第1項の定めに従い納入が行われた時に甲に移転する。

第6条（代金支払方法）
　甲は、乙に対し、個別契約に定める支払日に、第4条の定めに従い検査が合格した目的物の代金を所定の支払方法により支払う。

第7条（品質等担保責任）
　第4条の定めに従い目的物の検査が合格した時から1年以内に目的物に「かし」（目的物の性質に応じて通常求められる品質を含む、種類又は品質に関して仕様その他の本契約及び個別契約の内容に適合しない状態をいう。以下同じ。）が発見されたときは、甲は乙に対し、直ちにその旨を通知し、乙は甲の任意の選択に従い、甲の指定する期間内に無償で代品と交換し、若しくは乙の費用負担で修理し、又は代金の減額若しくは返品に応じなければならない。また、乙は、乙の責めに帰することができる事由により、甲が目的物の「かし」により損害を被ったときは、以上の措置に加え、その損害を賠償しなければな

らない。（＊新民法対応。ただし、新民法では、「引き渡された目的物の契約内容不適合」につき「知った時から１年以内に通知」となる。）

第8条（製造物責任）

1. 目的物の欠陥に起因して事故が発生した場合、乙は、自己の責任と費用負担において当該事故を処理、解決するものとし、甲が損害を被ったときは、甲に対しその損害を賠償しなければならない。ただし、当該欠陥が専ら甲の設計に関する指示に従ったことにより生じ、かつ当該欠陥が生じたことにつき乙に過失がない場合はこの限りでない。
2. 目的物の欠陥に起因して事故が発生したときは、甲及び乙は協力してその原因を究明する。
3. 乙は、目的物の欠陥若しくはそのおそれがあることを知ったとき、又は目的物の欠陥に起因して第三者から苦情又は損害賠償等の請求を受けたときは、直ちに甲に通知し、損害拡大の防止に努める。
4. 乙は、目的物につき、自らの費用と責任において生産物賠償責任保険（製造物責任保険）を、甲と乙を被保険者として付保し、その証書の謄本を甲に交付する。

第9条（秘密保持）

1. 甲及び乙は、本契約又は個別契約に関連して相手方から開示を受けた情報であって次の各号の一に該当するもの（以下「秘密情報」という。秘密情報の複製及び秘密情報を記載・記録した媒体は「秘密情報」とみなす。）を、善良な管理者の注意をもって、秘密として管理するものとし、事前の書面による相手方の承諾を得ることなく、第三者に対して開示せず、また、本契約又は個別契約以外の目的に使用しないものとする。
   (1) 技術、設計、財務、事業計画、企画その他関係する資料の内容が有体物、電磁的記録、電磁的方法その他開示の結果を客観的に認識できる状態により、かつ秘密であることを明示して開示される情報
   (2) 秘密であることを告知したうえで口頭その他前号以外の方法により開示される情報であって、開示後７日以内に当該情報を記載した書面を秘密である旨の表示を付して交付されたもの
   (3) 性質上又は法令上秘密として取り扱われる情報

2．前項の規定にかかわらず、次の各号の一に該当することを被開示者が証明できる情報は秘密情報として取り扱わないものとする。
　(1)　開示の時、既に公知であった情報又は既に被開示者が保有していた情報
　(2)　開示後、被開示者の責めに帰すべき事由によらないで公知となった情報
　(3)　開示する権利を有する第三者から秘密保持義務を負うことなく適法に入手した情報
　(4)　被開示者が開示を受けた秘密情報によらずに独自に開発した情報
　(5)　開示者が秘密保持義務を課することなく第三者に開示した開示者の情報
3．甲及び乙は、秘密情報を、当該秘密情報を知る必要のある最小限の自己の役員、従業員その他の従業者、関係会社（財務諸表等規則の定義による。）におけるこれらと同様の者、弁護士、公認会計士又はコンサルタントのみに開示するものとし、当該被開示者に対して本条と同様の義務を負わせるものとする。
4．甲及び乙は、国、地方公共団体、裁判所その他これらに準ずる機関から法令上の根拠に基づき相手方の秘密情報の開示を求められたときは、直ちに相手方と協議を行い、法令上強制される必要最小限の範囲、方法により当該機関に対し開示を行う。
5．甲及び乙は、本契約又は個別契約のために合理的に必要な最小限度の範囲で行う場合のほか、秘密情報が記載又は記録された媒体を複製（プリントアウトを含む。以下「複製」という。）しない。また、被開示者は、秘密情報の複製の際、当該複製物に開示者の秘密情報である旨の表示を付するものとする。
6．甲及び乙は、相手方が特に指定する秘密情報については、相手方の指示に応じて、複製の制限・管理、保管方法、接触可能人員等の規制手段を講じなければならない。
7．甲及び乙は、秘密情報につき、漏出、紛失、盗難、押収等の事故が発生した場合、直ちにその旨を相手方に連絡し、相手方の指示に従い適切な対応をするものとする。
8．甲及び乙は、本契約が終了した時又は相手方が求めた場合はいつでも、秘密情報及びその複製物を直ちに相手方に返還又は相手方の許諾を得て廃棄し、また、相手方の求めに応じ、これらすべてを返還又は廃棄した旨の確約書を相手方に交付する。
9．秘密情報は本契約終了後5年間秘密として保護される。ただし、この期間を超える場合であっても、当該秘密情報は、開示者の財産として留まるものとし、

また、不正競争防止法その他の法律により保護されることを妨げない。
10. 甲と乙の間で別途秘密保持契約を締結しているときは、本条において定めのない事項及び本条に抵触する事項は、同秘密保持契約の定め（ただし、同契約の契約期間及び秘密の継続期間に関する定めは本契約に適用されない。）によるものとする。

第10条（知的財産権）
1. 乙は、目的物が第三者の一切の知的財産権を侵害しないことを保証する。万一、権利侵害の問題が発生し、又は発生するおそれがあるときは、乙は、甲に対し直ちにその旨を通知し、自己の責任と費用負担で当該問題を解決し、甲に何等の損害も及ぼさない。
2. 本契約又は個別契約に基づく業務の遂行の過程で生じた特許権、実用新案権及び意匠権（特許、実用新案及び意匠登録を受ける権利並びにノウハウを含む。以下併せて「特許権等」という。）の帰属については、次のとおりとする。
   (1) 甲が単独で行った発明、考案又は創作（改良、修正及び変更並びに物の発明、方法の発明及び物を生産する方法の発明を含む。以下併せて「発明等」という。）から生じた特許権等については、甲単独に帰属するものとする。
   (2) 乙が単独で行った発明等から生じた特許権等については、乙単独に帰属するものとする。
   (3) 甲及び乙が共同で行った発明等から生じた特許権等については、甲乙が協議して決定する。
   (4) 乙が従前より保有する特許権等を目的物に適用した場合には、乙は甲及び甲の指定する者に対し、当該特許権等について、目的物の使用、販売及び輸出その他必要な範囲で、無償の通常実施権（再許諾権を含む。）を実施許諾する。
3. 乙から甲に納入された目的物にコンピュータ・プログラム等著作権の対象（以下「プログラム等」という。）が含まれていた場合、その著作権の帰属については、次のとおりとする。
   ① 新規に作成されたプログラム等の著作権については、個別契約において定める時期をもって（定めがないときは目的物の引渡しの時をもって）、乙から甲に譲渡（著作権法第27条及び第28条の権利の譲渡を含む。以下同じ。）されるものとする。ただし、汎用ルーチン、モジュールの権利は乙に留保さ

れるものとし、この場合、乙はそれらを書面で特定し甲の承認を得るものとする。

② 甲又は乙が従前から有していたプログラム等の著作権については、それぞれ甲又は乙に帰属するものとする。

③ 上記①の但書及び②の場合、乙は、甲及び甲の指定する者に対し、当該プログラム等について、目的物の使用、販売及び輸出その他必要な範囲で、著作権法に基づく利用（著作権法に基づく複製権翻案権等の著作物の利用権をいう。以下同じ。）及びその再許諾権を無償で許諾する。

④ 乙は、甲に対し、本項における著作権及びその譲渡につき登録手続きをする義務を負わない。

4．乙は、前項に基づき著作権を譲渡し、又は著作権法に基づく利用を許諾したプログラム等に関し、著作者人格権を行使しない。

第11条（法令の遵守等）
1．甲及び乙は、本契約及び個別契約の履行に際し、国内外の関係法令を遵守するものとする。
2．乙は、本契約及び個別契約に基づく業務を遂行する人員につき労働基準法、労働安全衛生法、職業安定法その他の関係法令に従い、使用者及び事業主としての一切の責任を負う。

第12条（反社会的勢力の排除）
1．甲及び乙は、各自が次の各号の一に該当しないこと、及び今後もこれに該当しないことを表明・保証する。
　(1) 暴力団、暴力団構成員、暴力団関係企業若しくはそれらの関係者、総会屋、その他の反社会的勢力（以下「反社会的勢力」という。）であること、又は反社会的勢力であったこと。
　(2) 役員又は実質的に経営を支配する者が反社会的勢力であること、又は反社会的勢力であったこと。
　(3) 自ら又はその役員若しくは実質的に経営を支配する者が反社会的勢力への資金提供を行う等、その活動を助長する行為を行うこと。
　(4) 親会社、子会社（いずれも会社法の定義による。以下同じ。）又は目的物の全部若しくは一部の調達先、委託先が前3号のいずれかに該当すること。

2．甲及び乙は、本契約及び個別契約の履行に関し、次の各号の一に該当する行為をしてはならない。
　(1)　相手方に対して脅迫的な言動をすること、若しくは暴力を用いること、又は相手方の名誉・信用を毀損する行為を行うこと。
　(2)　偽計又は威力を用いて相手方の業務を妨害すること。
　(3)　相手方に対して指針が排除の対象とする不当要求をすること。
　(4)　反社会的勢力である第三者をして前3号の行為を行わせること。
　(5)　親会社又は子会社が前4号のいずれかに該当する行為を行うこと。

第13条（損害賠償等）
1．甲又は乙が本契約又は個別契約に違反し、相手方に損害を与えた場合には、相手方に対し、損害の賠償をしなければならない。
2．天災地変、火災、偶発事故、合理的な輸送手段の利用不能、電力等のエネルギーの供給不足、主要な調達先の原材料等の供給停止、法令・行政指導その他当事者の責めに帰することのできない事由により、本契約又は個別契約の履行ができないときは（金銭債務の履行を除く。）、当該当事者は、債務不履行の責めを負わない。ただし、当該当事者は、相手方に対し、速やかに上記事由を通知し、対応について誠実に協議を行う。

第14条（権利義務譲渡）
1．甲及び乙は、事前の書面による相手方の承諾を得ることなく、本契約又は個別契約より生じた権利及び義務の全部又は一部を第三者に譲渡し、又は担保に供しない。
2．前項にかかわらず、甲又は乙が、相手方の事前の書面による承諾を得ずに、本契約から生じる金銭債権を第三者に譲渡し、その旨を相手方に通知したときは、相手方は、任意に次のいずれかの対応をすることができ、この場合、当該債権につき一切免責されるものとする。
　①　譲受人とされた者に弁済すること。
　②　供託所に供託すること。　　　　　　　　　　　　（＊新民法対応）

第15条（期間）
　本契約の有効期間は、　　　　年　月　日から　　　　年　月　日

までの1年間とする。ただし、期間満了の3か月前までに、甲又は乙から書面による条件変更の申し出又は契約を継続しない旨の申し出がないときは、本契約は同一条件で更に1年間継続するものとし、以後も同様とする。

第16条（解除等）
1．甲及び乙は、相手方が次の各号の一に該当したときは、直ちに本契約、個別契約その他甲乙間で締結したすべての契約の全部又は一部を解除することができる。
　(1) 本契約又は個別契約に違反し、相当の期間を定めて催告したにもかかわらずこれを是正しないとき。
　(2) 約定の期間内に個別契約を履行する見込がないと認められるとき。
　(3) 仮差押、差押、強制執行若しくは競売の申立てを受け、若しくは滞納処分を受け、又はそれらのおそれがあると認められるとき。
　(4) 破産手続開始、民事再生手続開始、会社更生手続開始若しくは特別清算等の申立てがあったとき、又はそれらの手続開始等の要件に該当する事由があると認められるとき。
　(5) 支払停止若しくは支払不能に陥ったとき、又はその振出、保証、裏書、引受をした手形若しくは小切手が不渡りとなったとき。
　(6) 重要な事業の停止、廃止、譲渡又は解散（合併による消滅の場合を含む。）の決議をしたとき。
　(7) 合併その他の組織再編又は株主構成若しくは役員の変動等により実質的支配関係が変化したとき。
　(8) 監督官庁等から営業許可の取消又は営業停止の処分等を受け、又はそのおそれが生じたとき。
　(9) 重大な契約違反又は背信行為があったとき。
　(10) 第12条に違反し、又は同条の表明保証に反する事実が発覚（報道等その疑いが生じた場合においては、当該事実がないことの客観的な証明ができない場合を含む。）したとき。
　(11) 甲又は乙との間の他の契約についてその解除事由が生じたとき。
　(12) 財産状態が悪化し、又はそのおそれがあると認められるとき。
　(13) 上記各号の一に準ずる事由その他本契約の継続を困難とする事由が発生したとき。

2．甲又は乙が前項各号の一に該当した場合、金銭債務につき当然に期限の利益を喪失し、何らの催告なく相手方に対し一切の債務を直ちに履行しなければならない。
3．甲又は乙が第1項各号の一に該当したことによって相手方が損害を被ったときは、当該相手方は、同項に基づき契約を解除したか否かを問わず、その損害の賠償を請求することができる。
4．甲が第1項各号の一に該当し、又は目的物に関し苦情を申し立て、若しくは理由の如何を問わず目的物の代金を期限に支払わないおそれがあるときは、乙は、甲乙間のすべての個別契約に基づく目的物の一部若しくは全部の納入を停止し、又は中止することができる。

第17条（契約終了の効果）
1．本契約が有効期間の満了により終了した時に個別契約の履行が終了していない場合には、当該個別契約は引き続き本契約に従いその効力を有するものとする。
2．本契約が前条第1項により解除された場合、履行が終了していない個別契約は同時に解除されたものとする。
3．個別契約が解除された場合、甲は乙に対し、当該解除の時に引渡しが完了していない目的物（仕掛品を含む。）につき、その引渡しを求めることができる。この場合、甲は乙に相当の対価を支払うものとする。
4．乙が目的物を完成できなくなった場合又は個別契約が解除された場合において、甲の責めに帰すべき事由によるときを除き、民法第634条及び第648条の2第2項は適用されないものとする。（＊新民法対応）

第18条（通知義務）
　　甲及び乙は、次の各号の一に該当する事実が生じたときは、速やかに相手方に書面で通知しなければならない。
（1）　第16条第1項の各号の一に該当したとき。
（2）　本契約の対象となる取引に関連する事業を譲渡し、又は譲り受けたとき。
（3）　住所、代表者、商号、その他取引上の重要な事項に変更が生じたとき。

第 19 条（輸出管理）
1．甲及び乙は、本契約及び個別契約の履行に際し、「外国為替及び外国貿易法」、「輸出貿易管理令」、「外国為替令」及びこれらに係る省令等の輸出関連法規（以下併せて「外為法等」という。）を遵守する。
2．乙は、目的物が外為法等により規制されている貨物又は技術に該当する場合、目的物の納入までに、該当する事実及びその根拠を、甲が別途定める書式により甲に通知する。
3．乙は、甲が前各項に関連して資料の提出を求めた場合、速やかにこれに応じる。

第 20 条（協議）
　本契約に関する疑義又は定めのない事項については、甲乙誠意をもって協議し円満に解決する。

第 21 条（管轄）
　本契約及び個別契約の準拠法は日本法とし、本契約及び個別契約に関して紛争が生じ、前条によっても解決できない場合には東京地方裁判所を第一審専属的合意管轄裁判所とする。

第 22 条（下請代金支払遅延等防止法にかかる特例）
　乙が下請代金支払遅延等防止法上の「下請事業者」に該当する場合、第 6 条（代金支払方法）の個別契約に「納入した目的物の代金を、毎月末日締めで翌月末日（同日が金融機関の休日である場合は翌営業日）」とあるときは「目的物の代金を納入後 60 日以内に」と、第 7 条（品質等担保責任）は「第 4 条の定めに従い目的物の検査が合格した時から」を「納入後 6 か月（目的物を使用した甲の製品について一般消費者に対し 6 か月を超える保証期間を定めている場合は 1 年）以内に」とそれぞれ読み替えて適用するものとする。

　以上の合意の証として、本書 2 通を作成し、甲乙記名押印のうえ、各 1 通を保有する。

　　　年　　月　　日　（以下省略）

秘 密 保 持 契 約 書

＿＿＿＿＿＿＿＿（以下「甲」という。）と＿＿＿＿＿＿＿＿（以下「乙」という。）は、甲乙間に相互に開示される秘密情報の取扱いに関して、次のとおり契約を締結する。

第1条（目的）

本契約は、甲及び乙が、次の目的（以下「本目的」という。）に関して、相互に開示する秘密情報の取扱いを定めるものとする（以下、秘密情報を開示する当事者を「開示者」、これを受領する当事者を「受領者」という。）。

　　　　目的：　○○に関する検討

第2条（秘密情報）

1．本契約において秘密情報とは、本契約期間中、受領者が開示者又はその指定する者から開示を受けた情報であって次の各号の一に該当するものをいう。また、秘密情報の複製並びに秘密情報を記載又は記録した媒体は、秘密情報とする。

　(1)　技術、設計、財務、事業計画、企画その他関係する資料の内容が有体物、電磁的記録、映写その他開示の結果を客観的に認識できる状態（情報が暗号化された状態を含む。）により、かつ秘密であることを明示して開示される情報

　(2)　秘密であることを告知したうえで口頭その他前号以外の方法にて開示される情報であって、開示後7日以内に、当該情報を秘密として特定し、かつ秘密である旨の表示を付した書面が交付されたもの

　(3)　性質上又は法令上秘密として取り扱われる情報

2．前項にかかわらず、次の各号の一に該当することを受領者が証明できる情報は、本契約における秘密情報として取り扱わないものとする。

　(1)　開示の時、既に公知であった情報

　(2)　開示後、受領者の責めに帰すべき事由によらず、公知となった情報

　(3)　開示の時に既に受領者が保有していた情報

　(4)　開示する権利を有する第三者から秘密保持義務を負うことなく適法に入

手した情報
(5)　受領者が開示を受けた秘密情報によらずに独自に開発した情報
(6)　開示者が秘密保持義務を課することなく第三者に開示した開示者の情報

第3条（秘密保持）
1．受領者は、秘密情報を厳重に秘密として保持し、書面による開示者の承諾を事前に得ることなく、秘密情報を本目的以外に一切使用しないものとし、また、秘密情報をいかなる第三者に対しても開示しない。
2．受領者は、善良な管理者の注意をもって秘密情報を管理する。
3．受領者は、秘密情報を、当該秘密情報を知る必要のある最小限の自己の役員、従業員（派遣従業員を含む。）、関係会社（財務諸表等規則の定義による。）におけるこれらと同様の者、弁護士、公認会計士又はコンサルタントのみに開示するものとし、当該受領者に対して本契約と同等の義務を負わせるものとする。
4．受領者は、秘密情報につき、漏出、紛失、盗難、押収等の事故が発生した場合、直ちにその旨を開示者に連絡し、開示者の指示に従い適切な対応をするものとする。
5．受領者は、本目的のために合理的に必要な最小限度の範囲で行う場合を除き、開示者の事前の書面による承諾を得ることなく、秘密情報を複製しない。また、受領者は、秘密情報を複製した場合、当該複製につき、開示者の秘密情報である旨の表示を付し、原本と同等の保管・管理をする。
6．受領者は、開示者が特に指定する秘密情報については、開示者の指示に応じて、複製の制限・管理、保管方法、接触可能人員等の規制手段を講じなければならない。
7．受領者は、国、地方公共団体、裁判所その他これらに準ずる機関から法令上の根拠に基づき秘密情報の開示を求められたときは、直ちに開示者と協議を行い、法令上強制される必要最小限の範囲、方法により当該機関に対し開示を行う。

第4条（秘密情報の返還）
　　受領者は、本目的若しくは本契約が終了した時又は開示者が求めたときはいつでも、秘密情報を直ちに返還又は開示者の許諾を得て廃棄するものとし、また、開示者が求めた場合にはいつでもこれらを返還又は廃棄した旨の確約書を

相手方に交付する。

第5条（義務の不存在）
1．甲及び乙は、本契約に基づき相手方に対し何らの秘密情報の開示義務を負わない。
2．本契約に明示的に規定されているほかは、甲及び乙は、秘密情報について何らの権利（特許権、著作権、ノウハウその他の知的財産権に関する権利を含む。）も相手方に許諾しない。
3．甲及び乙は、本契約の締結及び本契約に基づく相手方に対する秘密情報の開示により、甲乙間で何らかの取引を開始することを約束するものではない。

第6条（秘密期間）
1．本契約の期間は＿＿＿年＿＿＿月＿＿＿日から2年間とする。
2．秘密情報は、本契約の終了時からさらに5年間本契約により秘密として保護されるものとする。ただし、この期間を超える場合であっても、当該秘密情報は、開示者の財産として留まるものとし、また、不正競争防止法その他の法律により保護されることを妨げない。

第7条（権利の譲渡禁止）
　　甲及び乙は、事前の書面による相手方の承諾を得ることなく、本契約により生じた権利の全部又は一部を第三者に譲渡しない。

第8条（仲裁）
　　本契約には日本法が適用され、また、本契約から又は本契約に関連して、当事者の間に生ずることがあるすべての紛争、論争又は意見の相違は、社団法人日本商事仲裁協会の商事仲裁規則に従って、東京において仲裁により最終的に解決されるものとする。

　　以上の合意の証として、本書2通を作成し、甲乙記名押印のうえ、各1通を保有する。

　　　　　　年　　　月　　　日　（以下省略）

編者紹介

出澤総合法律事務所
東京都千代田区麹町 3-2-5　垣見麹町ビル別館 5 階
TEL 03-5215-2293　URL http://idesawalaw.gr.jp

　企業法務を中心に、日々の契約書審査から、IPO 支援、法務デューディリジェンス、コンプライアンス・レビュー、労働審判、保全、訴訟まで、専門性を生かした業務を行う。公益通報外部窓口としての対応も多く実績を積んでいる。

　また、依頼者とともに法律知識のレベルアップを図るために、法律セミナーや各種研修を定期的に開催し、さらに、リーガルサービスに留まることなく、幅広く経営、マーケティング、会計等ビジネス分野の研究も深め、より価値の高いサービスの提供ができるよう努力をしている。

著者紹介

出澤　秀二（いでさわ　しゅうじ）
弁護士（1983年登録）、一橋大学法学部卒業
電子認証審査委員会委員（国土交通省）、司法研修所民事弁護教官、法制審議会成年年齢部会委員（法務省）など歴任。共著に『モデル文例つき英文契約書の知識と実務』（日本実業出版社）、『詳解 営業秘密管理』（新日本法規）など。契約書作成の実務をはじめ多数のセミナーの講師を務める。

丸野　登紀子（まるの　ときこ）
弁護士（2002年登録）、中央大学法学部卒業
共著に『最新判例にみる不法行為法の実務』（新日本法規）、論考に「裁判例に見る業務委託において生じやすい紛争類型と対策」（レクシスネクシスジャパン、*BUSINESS LAW JOURNAL*, 2011年11月号〈NO. 44〉）など。コンプライアンス、労務、個人情報保護法など多数のセミナーの講師を務める。

大賀　祥大（おおが　よしひろ）
弁護士（2005年登録）、東京大学法学部卒業
Master of Laws in Banking and Finance Law（University of London）
中小企業経営力強化支援法に基づく経営革新等支援機関
論考に「アセットマネージャー・プロパティマネージャー倒産時の法律関係に関する諸問題」（不動産証券化協会『ARES不動産証券化ジャーナル』）など。不動産取引のリスクマネジメント、英文契約書の読み方など多数のセミナーの講師を務める。

実践!! 契約書審査の実務〈改訂版〉
―修正の着眼点から社内調整のヒントまで―

2019年3月19日　初版発行
2024年11月8日　9刷発行

編　者　出澤総合法律事務所
発行者　佐久間重嘉
発行所　学　陽　書　房

〒102-0072　東京都千代田区飯田橋1-9-3
営業　電話　03-3261-1111　FAX　03-5211-3300
編集　電話　03-3261-1112
https://www.gakuyo.co.jp/

装丁／佐藤　博
DTP制作／ニシ工芸　　印刷・製本／三省堂印刷

★乱丁・落丁本は、送料小社負担にてお取り替えいたします。
ISBN 978-4-313-51166-8 C2032
©Idesawa & Partners 2019, Printed in Japan
定価はカバーに表示しています。

JCOPY〈出版者著作権管理機構　委託出版物〉
本書の無断複製は著作権法上での例外を除き禁じられています。
複製される場合は、そのつど事前に、出版者著作権管理機構（電話03-5244-5088、FAX03-5244-5089、e-mail：info@jcopy.or.jp）の許諾を得てください。

学陽書房の好評既刊！

士業のための
改正個人情報保護法の法律相談

松尾 剛行 著
A5判並製　292頁
定価＝本体2,600円＋税
ISBN 978-4-313-51162-0

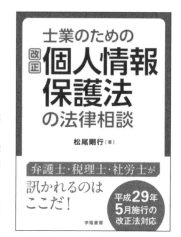

これでクライアントからの突然の相談にも困らない！
士業者が「よく尋ねられる」「間違いやすい」疑問に厳選し、平成29年5月施行の改正個人情報保護法に対応したガイドブック。
政令・規則・パブリックコメント・各種ガイドライン等の重要資料もカバーしながら、実務経験豊富な著者がQ＆Aでやさしく解説。

企業を守る
ネット炎上対応の実務

清水 陽平 著
A5判並製　184頁
定価＝本体2,200円＋税
ISBN 978-4-313-31399-6

ネット炎上から企業を守るために！
事実関係の把握やアカウント処理などの初動対応から責任追及の道すじ、取り得る予防策までを、実務経験の豊富な第一人者が解説。
炎上対応を危機管理広報の一環と捉え、広報・法務の双方の観点から企業を守る術を指南！

学陽書房の好評既刊！

裁判官！ 当職そこが知りたかったのです。
―民事訴訟がはかどる本―

岡口 基一・中村 真 著
A5判並製　192頁
定価＝本体2,600円＋税
ISBN 978-4-313-51165-1

イラストで人気の中村真弁護士が、岡口基一裁判官にインタビュー!?　民事訴訟の代理人が聞きたかったトピックに切り込む！
書面、証拠提出、尋問、和解、判決……。裁判官が考える訴訟戦略のポイントが満載！
さらに、いま民事裁判が抱える問題からナゾに包まれた裁判官の日頃のお仕事まで、法律実務家の「気になる」が詰まった対談本！

裁判官はこう考える　弁護士はこう実践する
民事裁判手続

柴﨑 哲夫・牧田 謙太郎 著
A5判並製　256頁
定価＝本体2,800円＋税
ISBN 978-4-313-51163-7

現役の裁判官と弁護士、腹を割って民事裁判手続を語る！
よりよい民事裁判のために求められるものとは？　民事裁判手続の流れに沿って、法曹二者が互いの仕事ぶりに意見を交わしあう。裁判官の胸の内も、弁護士の実務テクニックも満載。
若手もベテランも、ここに新しい気付きが必ずある！　実務に携わる方必見の1冊！

学陽書房の好評既刊!

若手法律家のための
法律相談入門

中村 真 著
A5判並製　208頁
定価＝本体2,400円＋税
ISBN 978-4-313-51160-6

若手法律家へ向けて、法律相談の流れと留意点をやさしく楽しくイラストを交えて示す唯一の本！今日から使えるキラーフレーズや依頼の断り方など、先輩からの口伝でしか学べない知恵が満載！法律相談の現場でうろたえないための、弁護士・司法書士・司法修習生必読の書。

交通事故事件対応のための
保険の基本と実務

大塚 英明・古笛 恵子 編著
A5判並製　280頁
定価＝本体3,200円＋税
ISBN 978-4-313-31416-0

交通事故事件処理に必要な保険の知識を1冊に！保険法の実務と理論をリードする著者陣が、豊富な約款と条文、裁判例を用いながらやさしく解説。交通事故事件を扱う機会が急増している実務家必携の書。